Travaux pratiques

PowerPoint

Toutes versions 2007 à 2013

**Créer et mettre en page des diapositives,
insérer et manipuler des objets,
dérouler la présentation...**

Christine Eberhardt

DUNOD

Mise en pages réalisée par ARCLEMAX
Couverture : WIP

ISBN 978-2-10-070690-7

Table des matières

TABLEAUX ET GRAPHIQUES

LE SON

ANIMER LA PRÉSENTATION

DÉROULER LA PRÉSENTATION

ENREGISTRER, GRAVER OU PUBLIER

Avant-propos

Il n'est plus question aujourd'hui d'animer une réunion sans faire appel à des outils de communication modernes, et PowerPoint qui existe depuis déjà de nombreuses années a su évoluer et devenir un élément incontournable de la suite de bureautique Microsoft Office. Vous allez apprendre dans cet ouvrage comment construire très rapidement une présentation et maîtriser les fonctions de base de PowerPoint, mais aussi découvrir tous les trucs et astuces pour exploiter au maximum les possibilités de cet outil.

Tout au long de cet ouvrage nous supposons :

- Qu'une version 2007, 2010 ou 2013 de PowerPoint est installée sur votre ordinateur ;
- Que vous maîtrisez toutes les techniques de base de clic, double-clic, copier-coller en informatique ;
- Que vous avez téléchargé et installé les fichiers source des exercices employés dans ce livre, accessibles depuis le site Dunod (www.dunod.com).

Présentation des exercices

BLOC-NOTES
À chaque début d'exercice un bloc-notes vous indique le numéro du TP. Ce numéro est utile car il sert de référence pour d'autres exercices.

INTRODUCTION
L'introduction donne des indications sur l'exercice à venir et contient un encadré précisant les TP éventuellement prérequis et les fichiers d'exercice employés (à télécharger sur le site www.dunod.com). Le temps de réalisation est une estimation du nombre de minutes à accorder par exercice.

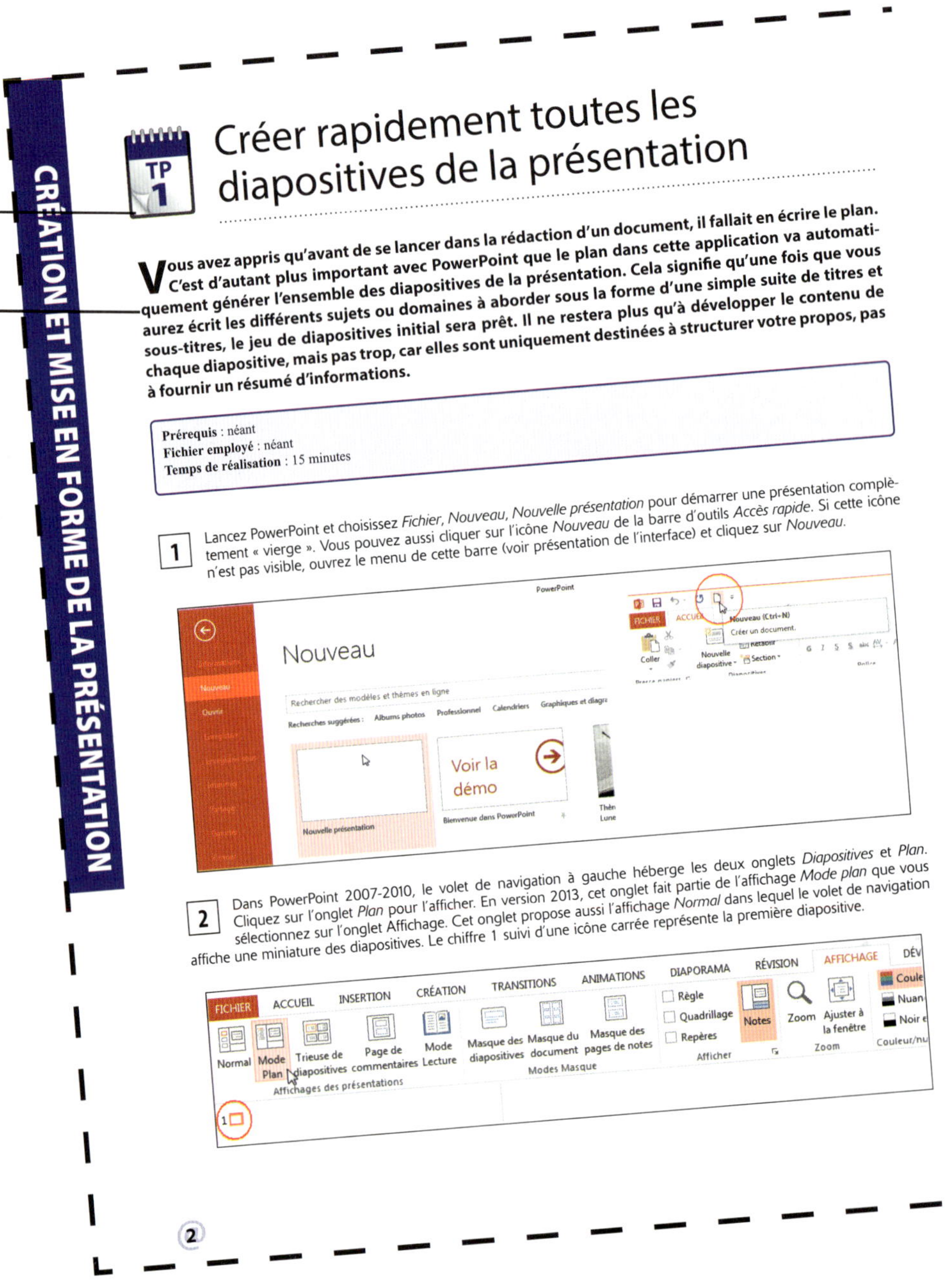

CRÉATION ET MISE EN FORME DE LA PRÉSENTATION

TP 1

Créer rapidement toutes les diapositives de la présentation

Vous avez appris qu'avant de se lancer dans la rédaction d'un document, il fallait en écrire le plan. C'est d'autant plus important avec PowerPoint que le plan dans cette application va automatiquement générer l'ensemble des diapositives de la présentation. Cela signifie qu'une fois que vous aurez écrit les différents sujets ou domaines à aborder sous la forme d'une simple suite de titres et sous-titres, le jeu de diapositives initial sera prêt. Il ne restera plus qu'à développer le contenu de chaque diapositive, mais pas trop, car elles sont uniquement destinées à structurer votre propos, pas à fournir un résumé d'informations.

Prérequis : néant
Fichier employé : néant
Temps de réalisation : 15 minutes

1. Lancez PowerPoint et choisissez *Fichier, Nouveau, Nouvelle présentation* pour démarrer une présentation complètement « vierge ». Vous pouvez aussi cliquer sur l'icône *Nouveau* de la barre d'outils *Accès rapide*. Si cette icône n'est pas visible, ouvrez le menu de cette barre (voir présentation de l'interface) et cliquez sur *Nouveau*.

2. Dans PowerPoint 2007-2010, le volet de navigation à gauche héberge les deux onglets *Diapositives* et *Plan*. Cliquez sur l'onglet *Plan* pour l'afficher. En version 2013, cet onglet fait partie de l'affichage *Mode plan* que vous sélectionnez sur l'onglet Affichage. Cet onglet propose aussi l'affichage *Normal* dans lequel le volet de navigation affiche une miniature des diapositives. Le chiffre 1 suivi d'une icône carrée représente la première diapositive.

2

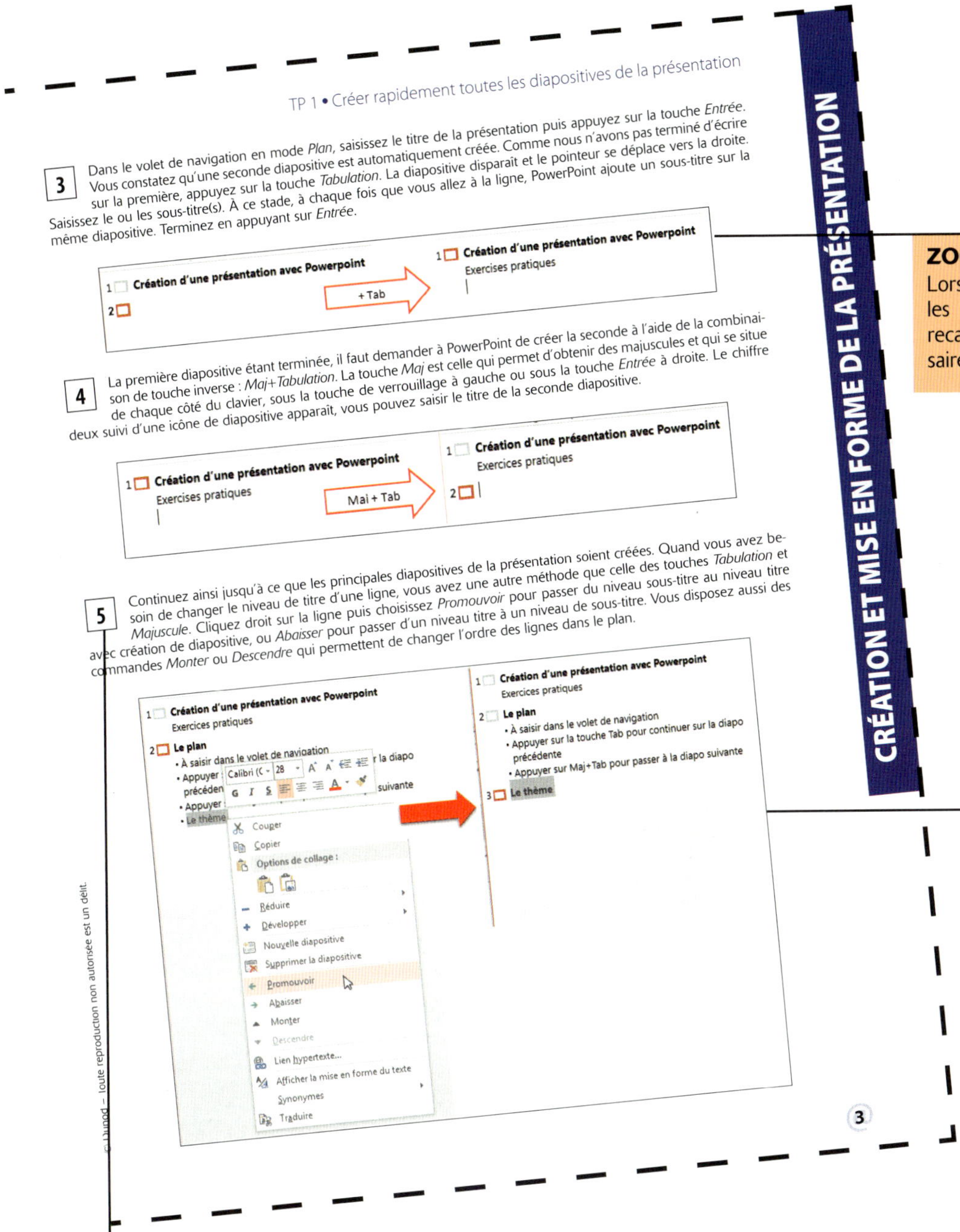

TP 1 • Créer rapidement toutes les diapositives de la présentation

CRÉATION ET MISE EN FORME DE LA PRÉSENTATION

3 Dans le volet de navigation en mode *Plan*, saisissez le titre de la présentation puis appuyez sur la touche *Entrée*. Vous constatez qu'une seconde diapositive est automatiquement créée. Comme nous n'avons pas terminé d'écrire sur la première, appuyez sur la touche *Tabulation*. La diapositive disparaît et le pointeur se déplace vers la droite. Saisissez le ou les sous-titre(s). À ce stade, à chaque fois que vous allez à la ligne, PowerPoint ajoute un sous-titre sur la même diapositive. Terminez en appuyant sur *Entrée*.

4 La première diapositive étant terminée, il faut demander à PowerPoint de créer la seconde à l'aide de la combinaison de touche inverse : *Maj+Tabulation*. La touche *Maj* est celle qui permet d'obtenir des majuscules et qui se situe de chaque côté du clavier, sous la touche de verrouillage à gauche ou sous la touche *Entrée* à droite. Le chiffre deux suivi d'une icône de diapositive apparaît, vous pouvez saisir le titre de la seconde diapositive.

5 Continuez ainsi jusqu'à ce que les principales diapositives de la présentation soient créées. Quand vous avez besoin de changer le niveau de titre d'une ligne, vous avez une autre méthode que celle des touches *Tabulation* et *Majuscule*. Cliquez droit sur la ligne puis choisissez *Promouvoir* pour passer du niveau sous-titre au niveau titre avec création de diapositive, ou *Abaisser* pour passer d'un niveau titre à un niveau de sous-titre. Vous disposez aussi des commandes *Monter* ou *Descendre* qui permettent de changer l'ordre des lignes dans le plan.

3

ZOOM

Lorsque cela est nécessaire, les captures d'écran sont recadrées sur la zone nécessaire à la compréhension.

CAPTURES

Les copies d'écran présentées dans ce livre sont réalisées avec PowerPoint 2013 sur un ordinateur exécutant Windows 7. Si vous possédez un autre système d'exploitation ou bien PowerPoint 2007 ou 2010, ou si la fenêtre de votre programme est de taille différente, vous êtes susceptibles de remarquer certaines différences.

PUCE

Les puces des pas à pas vous aident à suivre l'ordre de lecture de l'exercice.

L'interface de PowerPoint

Depuis Office 2007, l'interface utilisateur a pris la forme d'un **Ruban**. Les fonctions qui permettent d'agir sur les éléments d'un document sont rassemblées dans des **onglets**, tandis que les fonctions de gestion générale du document se trouvent en un emplacement unique situé à l'extrémité gauche du ruban : le **bouton Office** pour Office 2007 ou l'onglet **Fichier** pour Office 2010-2013. Lorsque vous cliquez sur le bouton *Office* ou sur l'onglet *Fichier*, PowerPoint passe en mode **Backstage**. Ce mode rassemble toutes les fonctions générales de gestion d'un document ou classeur Excel, dont l'ouverture, l'enregistrement ou l'impression d'un document. Les captures d'écran présentées dans ce livre ont été réalisées à l'aide de PowerPoint 2013. Si vous travaillez avec PowerPoint 2007, cliquez sur le bouton *Office* chaque fois que nous demanderons de cliquer sur l'onglet *Fichier*.

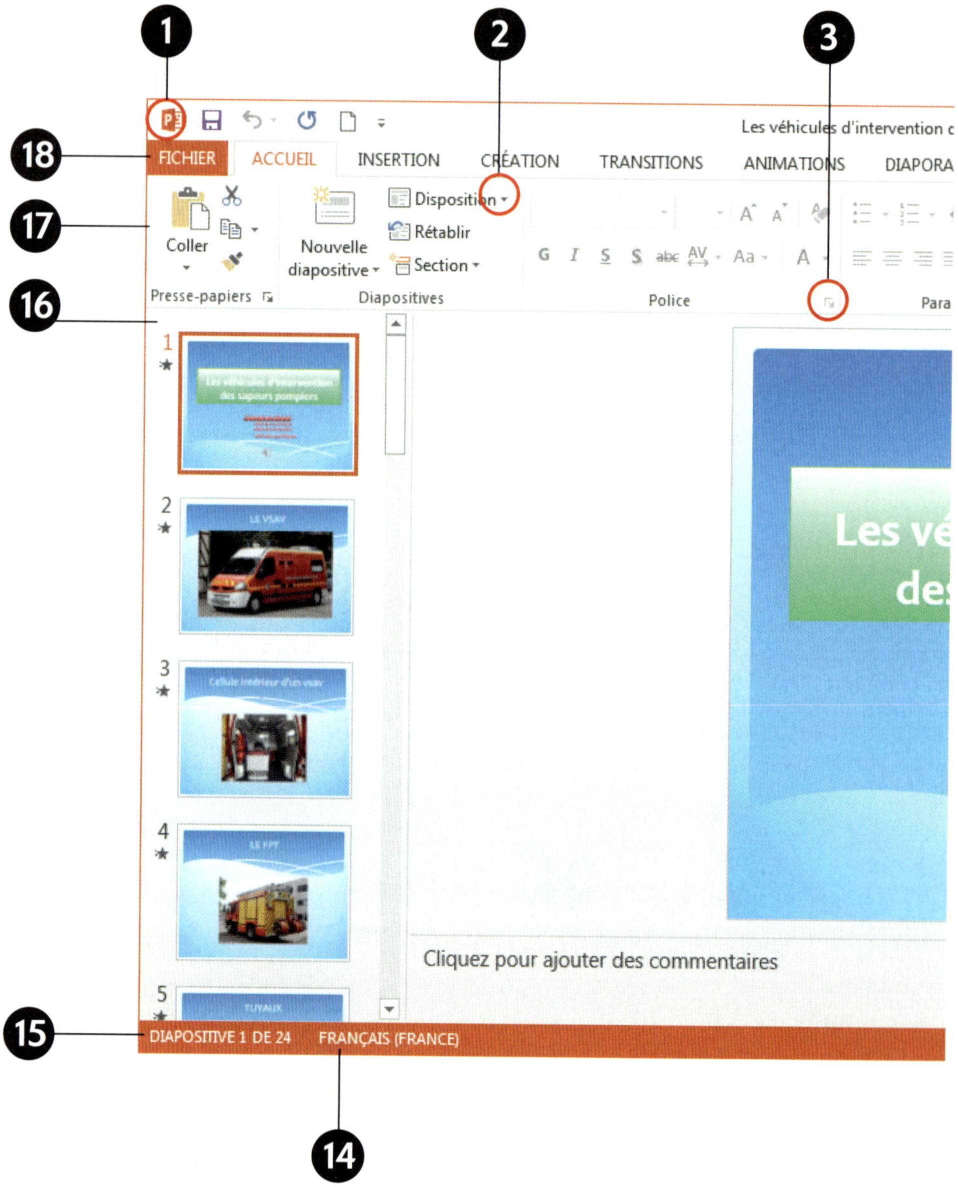

1. Menu de la barre d'outils Accès rapide
2. Menu déroulant
3. Lanceur de boîte de dialogue
4. Groupe
5. Barre de contrôle de galerie
6. Aide
7. Options d'affichage du ruban
8. Barre de contrôle de la fenêtre
9. Utilisateur Skydrive connecté
10. Options d'affichage de la diapositive (Zoom)
11. Lancement du diaporama à partir de la diapositive active
12. Modes d'affichage
13. Afficher/masquer les commentaires

Enregistreur de macro

14. Langue de la présentation
15. Numéro de la diapositive active
16. Volet de navigation
17. Ruban
18. Onglet

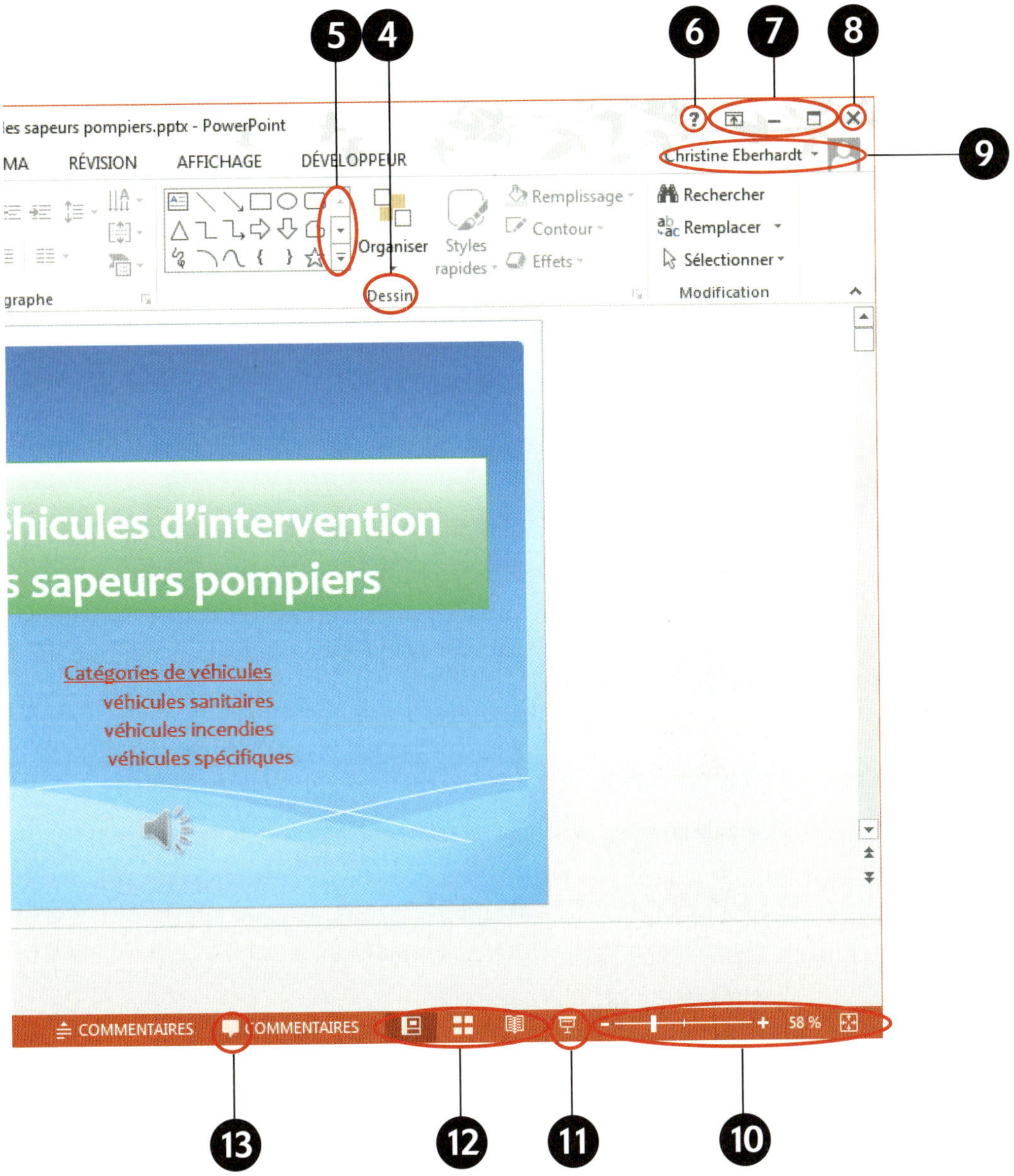

Création et mise en forme de la présentation

Les TP de cette première partie sont consacrés à toutes les opérations de démarrage et de mise en forme générale de la présentation : le choix du thème (polices et couleurs), le plan, le masque des diapositives. L'intérêt d'un outil tel que PowerPoint, c'est qu'aucune de ces opérations n'est irréversible et que vous pourrez y revenir à tout moment pendant le développement de la présentation.

Attention, au moment de choisir le thème, vous devez tenir compte de trois éléments essentiels :

- **Les goûts et couleurs :** une présentation est destinée à transmettre des informations. Les couleurs sont là pour soutenir votre effort et contribuer à faire ressortir les points les plus importants. Cependant, si elles sont trop agressives ou perçues comme de mauvais goût, elles vont détourner l'attention de votre auditoire plutôt que de la focaliser. Si vous choisissez l'originalité dans ce domaine, montrez la présentation à plusieurs personnes afin de vérifier que les couleurs choisies ont bien un impact positif.
- **Le contexte de la présentation :** examinez les caractéristiques de la salle dans laquelle la présentation va se dérouler. Si elle est sombre, il faudra choisir un thème avec des couleurs claires. Si elle est claire, il faudra au contraire choisir des couleurs plus foncées et choisir un thème avec du contraste.
- **Les couleurs affichées** sur votre écran d'ordinateur ne sont pas celles qui seront projetées : le vidéoprojecteur n'a pas les mêmes capacités graphiques qu'un écran, il altère les couleurs, et si vous projetez la présentation directement sur un mur, celui-ci peut aussi influencer l'aspect des couleurs, surtout s'il n'est pas blanc.

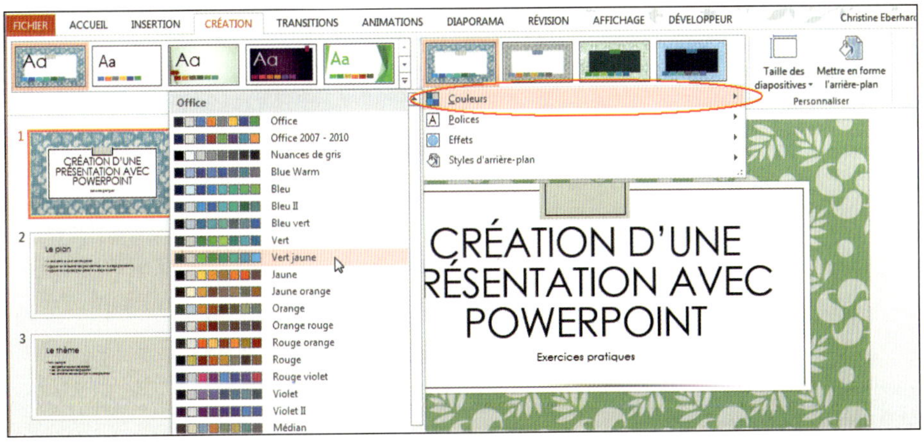

TP 1 Créer rapidement toutes les diapositives de la présentation

Vous avez appris qu'avant de se lancer dans la rédaction d'un document, il fallait en écrire le plan. C'est d'autant plus important avec PowerPoint que le plan dans cette application va automatiquement générer l'ensemble des diapositives de la présentation. Cela signifie qu'une fois que vous aurez écrit les différents sujets ou domaines à aborder sous la forme d'une simple suite de titres et sous-titres, le jeu de diapositives initial sera prêt. Il ne restera plus qu'à développer le contenu de chaque diapositive, mais pas trop, car elles sont uniquement destinées à structurer votre propos, pas à fournir un résumé d'informations.

Prérequis : néant
Fichier employé : néant
Temps de réalisation : 15 minutes

1 Lancez PowerPoint et choisissez *Fichier*, *Nouveau*, *Nouvelle présentation* pour démarrer une présentation complètement « vierge ». Vous pouvez aussi cliquer sur l'icône *Nouveau* de la barre d'outils *Accès rapide*. Si cette icône n'est pas visible, ouvrez le menu de cette barre (voir présentation de l'interface) et cliquez sur *Nouveau*.

2 Dans PowerPoint 2007-2010, le volet de navigation à gauche héberge les deux onglets *Diapositives* et *Plan*. Cliquez sur l'onglet *Plan* pour l'afficher. En version 2013, cet onglet fait partie de l'affichage *Mode plan* que vous sélectionnez sur l'onglet Affichage. Cet onglet propose aussi l'affichage *Normal* dans lequel le volet de navigation affiche une miniature des diapositives. Le chiffre 1 suivi d'une icône carrée représente la première diapositive.

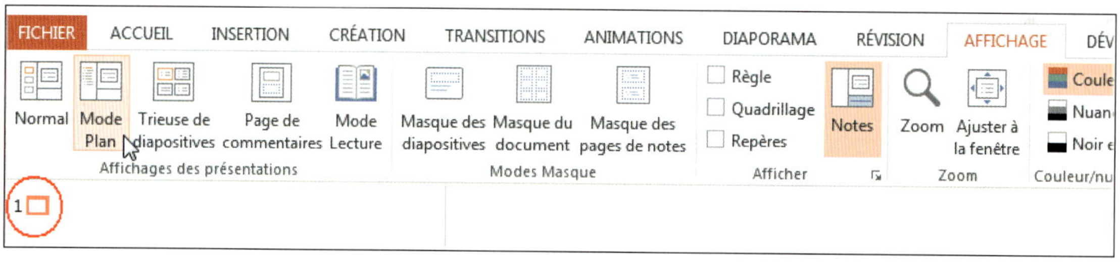

3 Dans le volet de navigation en mode *Plan*, saisissez le titre de la présentation puis appuyez sur la touche *Entrée*. Vous constatez qu'une seconde diapositive est automatiquement créée. Comme nous n'avons pas terminé d'écrire sur la première, appuyez sur la touche *Tabulation*. La diapositive disparaît et le pointeur se déplace vers la droite. Saisissez le ou les sous-titre(s). À ce stade, à chaque fois que vous allez à la ligne, PowerPoint ajoute un sous-titre sur la même diapositive. Terminez en appuyant sur *Entrée*.

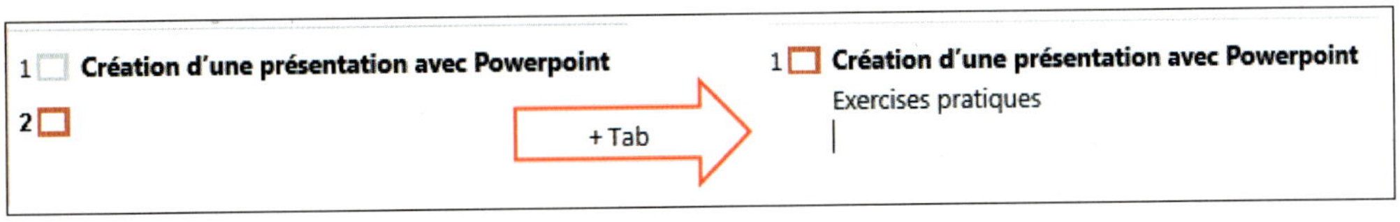

4 La première diapositive étant terminée, il faut demander à PowerPoint de créer la seconde à l'aide de la combinaison de touche inverse : *Maj+Tabulation*. La touche *Maj* est celle qui permet d'obtenir des majuscules et qui se situe de chaque côté du clavier, sous la touche de verrouillage à gauche ou sous la touche *Entrée* à droite. Le chiffre deux suivi d'une icône de diapositive apparaît, vous pouvez saisir le titre de la seconde diapositive.

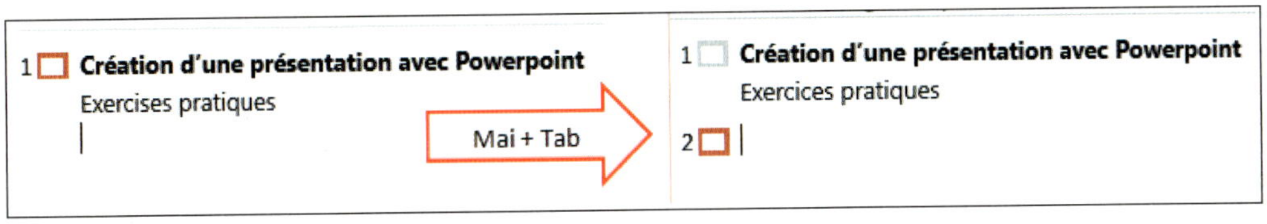

5 Continuez ainsi jusqu'à ce que les principales diapositives de la présentation soient créées. Quand vous avez besoin de changer le niveau de titre d'une ligne, vous avez une autre méthode que celle des touches *Tabulation* et *Majuscule*. Cliquez droit sur la ligne puis choisissez *Promouvoir* pour passer du niveau sous-titre au niveau titre avec création de diapositive, ou *Abaisser* pour passer d'un niveau titre à un niveau de sous-titre. Vous disposez aussi des commandes *Monter* ou *Descendre* qui permettent de changer l'ordre des lignes dans le plan.

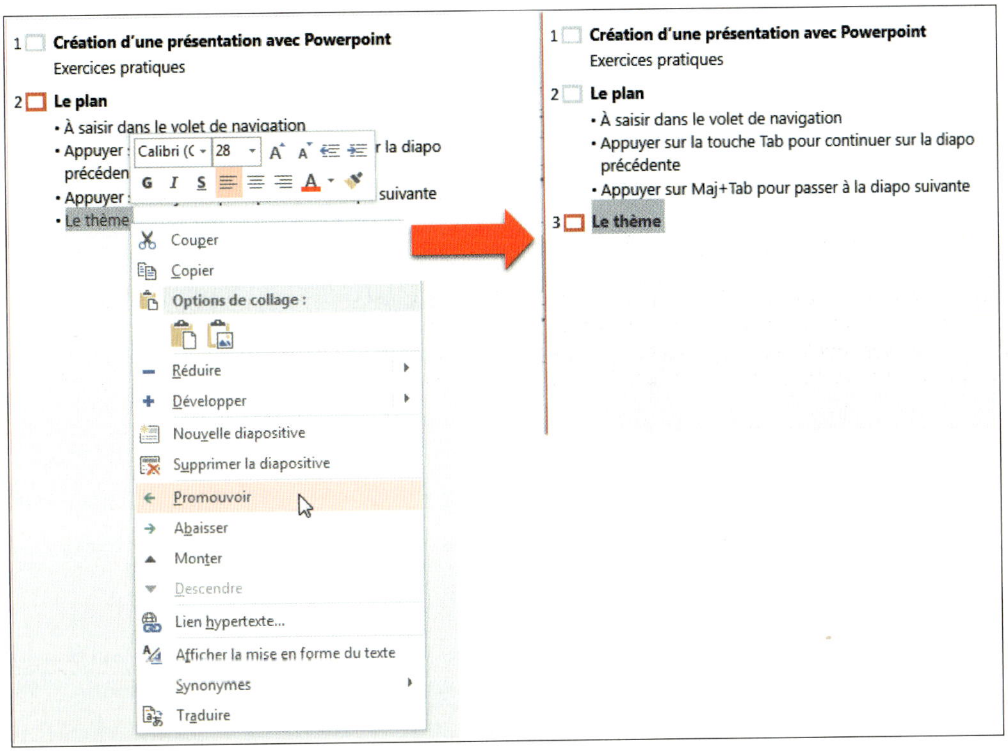

TP 2 Ajouter, supprimer ou déplacer des diapositives

Il y a peu de chances pour que le plan saisi à la création de la présentation n'ait pas besoin d'être modifié par la suite, par l'ajout ou la suppression des diapositives. Votre présentation étant basée sur un défilement de diapositives, vous allez forcément être amené à manipuler ces dernières pour en ajouter/supprimer, ou simplement en changer l'ordre. La première méthode d'ajout/suppression a été abordée au TP précédent et consiste à ajouter/supprimer des lignes en mode *Plan*. Dans ce TP, nous allons présenter la seconde méthode basée sur l'affichage normal.

Prérequis : néant
Fichier employé : TP2.pptx, TP2bis.pptx ou votre propre présentation
Temps de réalisation : 5 minutes

1 Ouvrez le fichier TP2.pptx. La présentation contient actuellement 6 diapositives comme l'indique la barre d'état. Pour supprimer la diapositive 4, cliquez-droit sur sa miniature dans le volet de navigation et choisissez *Supprimer la diapositive*. La touche *Suppr* produit le même effet.

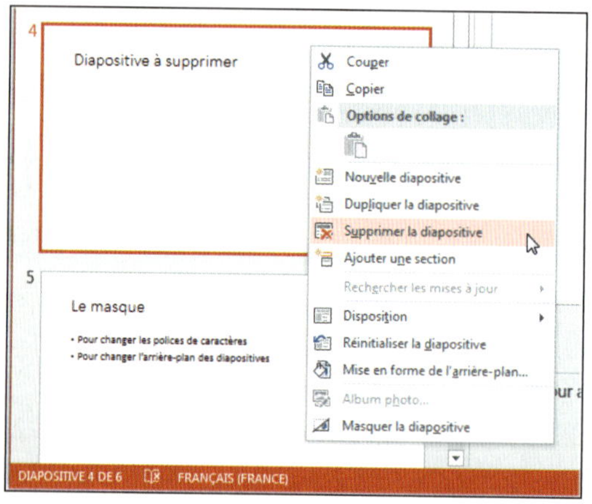

2 Pour insérer une nouvelle diapositive à la suite de la diapositive 4, cliquez sur cette dernière puis sur le menu du bouton *Nouvelle Diapositive*. Cliquez sur le modèle (disposition) de diapositive approprié : une nouvelle diapositive vide apparaît à droite. Pour la compléter, il n'est bien sûr pas nécessaire de réafficher le plan. Cliquez simplement dans une des zones prédéfinies de la diapositive et saisissez le texte.

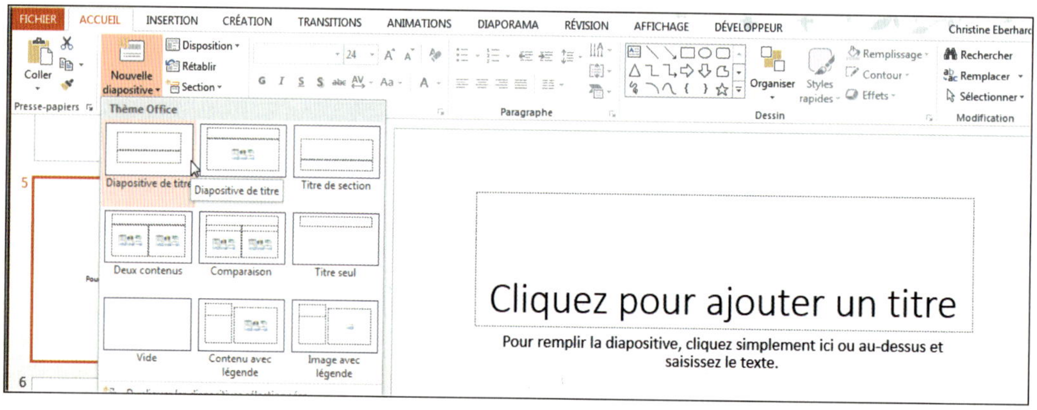

3 Vous pouvez aussi ajouter une ou plusieurs diapositives en les recopiant depuis une autre présentation. Sans fermer la présentation TP2, ouvrez le fichier TP2bis.pptx. Sur l'onglet *Affichage*, cliquez sur le bouton *Réorganiser tout*.

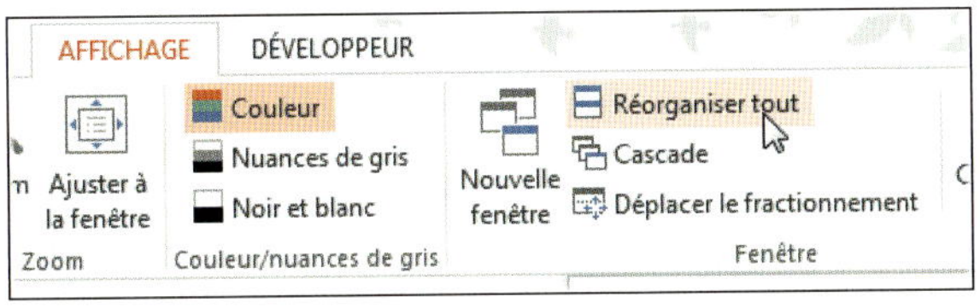

4 Les deux présentations sont aussitôt affichées l'une à côté de l'autre, chacune sur une moitié d'écran. Faites glisser les deux diapositives de TP2bis depuis le volet de navigation de cette présentation vers le volet de navigation de TP2, et relâchez-les sous la dernière diapositive. C'est aussi simple que cela. Une autre solution aurait consisté à copier-coller ces diapositives : cliquez sur la première diapositive de TP2bis, maintenez la touche *Ctrl* enfoncée puis cliquez sur la seconde (les deux diapositives sont maintenant sélectionnées). Appuyez sur le raccourci clavier *Ctrl+C* (ou clic-droit, *Copier*), cliquez dans le volet de navigation de TP2 puis appuyez sur *Ctrl+V* (ou clic-droit, *Coller*).

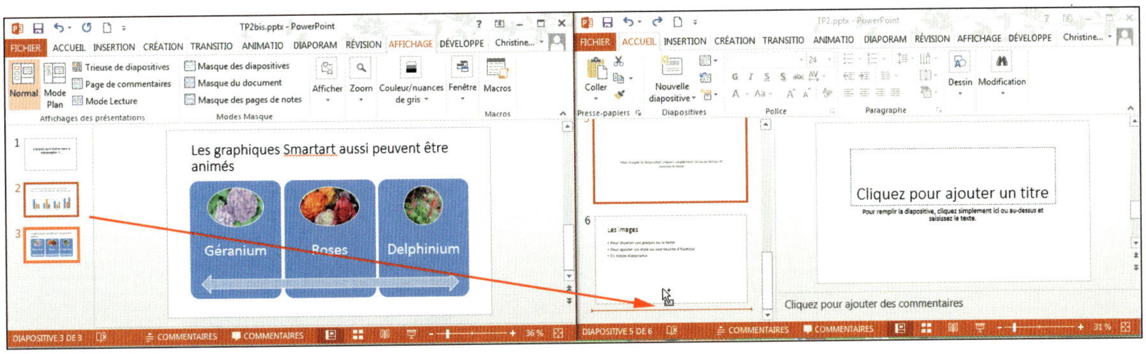

5 Pour afficher de nouveau TP2 sur tout l'écran, cliquez sur l'icône *Agrandir* dans le coin supérieur droit de la fenêtre. Nous allons déplacer la diapositive créée au début de ce TP à la fin de la présentation. Cette opération peut être réalisée en faisant glisser la miniature de la diapositive vers le bas du volet de navigation, mais compte tenu du nombre de diapositives il est préférable de le faire en mode Trieuse de diapositives : cliquez sur le bouton *Trieuse de diapositives* (les 4 carrés dans le coin inférieur droit de la fenêtre) puis faites simplement glisser la miniature au bon emplacement.

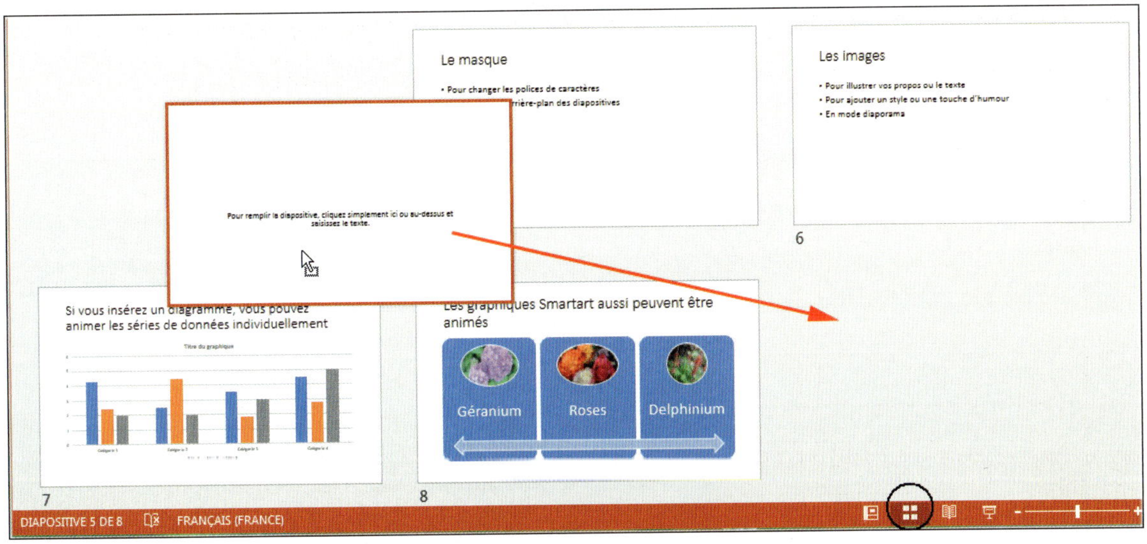

TP 3 Choisir ou changer de thème

Une fois que le plan est créé, et avant de peaufiner le contenu de chaque diapositive, vous pouvez vous intéresser à l'esthétique de la présentation. Puisqu'il s'agit d'un outil de communication, les jeux de couleurs et de polices que vous allez choisir sont extrêmement importants. Ils doivent s'accorder et mettre en valeur le contenu des diapositives. Si vous les choisissez judicieusement, ils vont aussi contribuer à créer l'atmosphère adaptée à l'esprit de votre présentation : dynamique, sereine, rétro, joyeuse, sérieuse, etc.

Prérequis : TP1 et TP2
Fichier employé : TP3.pptx, TP3 modèle Internet.pptx ou votre propre présentation
Temps de réalisation : 15 minutes

1 Ouvrez le fichier TP3.pptx et cliquez sur la première diapositive pour qu'elle s'affiche au centre. Cliquez sur l'onglet *Création*, puis sur le bouton de contrôle de la galerie des thèmes pour afficher l'ensemble des modèles disponibles. Passez le pointeur au-dessus des miniatures et observez le résultat dans votre présentation. Notez que la première diapositive a un statut spécial, les graphismes y sont presque toujours beaucoup plus élaborés que sur les autres. Cliquez sur le thème que vous avez choisi.

2 Si vous travaillez avec PowerPoint 2013, pour chaque thème choisi, vous disposez d'un certain nombre de variantes. Celles-ci sont proposées dans la galerie *Variantes* à droite de celle des thèmes. Les graphismes et les couleurs sont différents mais dans le même esprit que celui du thème sélectionné. Sinon, quelle que soit votre version d'Office, vous avez la possibilité de changer le jeu de couleurs : cliquez sur le menu *Couleurs* à droite de la galerie des thèmes, faites glisser votre pointeur sur les jeux de couleurs proposés puis cliquez sur celui que vous avez choisi.

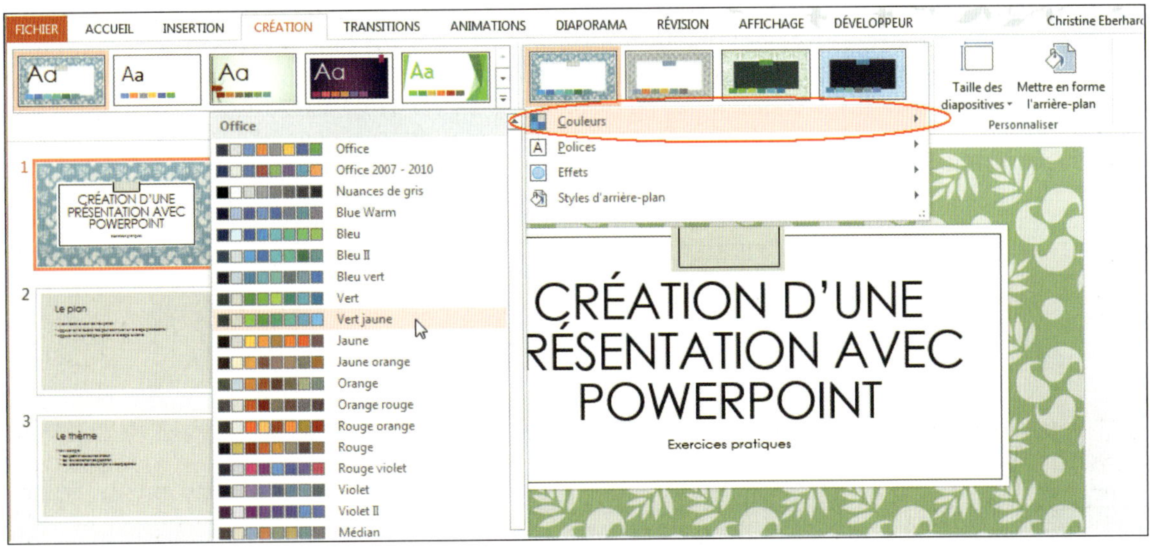

3 Si aucun des thèmes proposés ne vous convient, il vous reste toujours la possibilité d'en rechercher un sur Internet. Cliquez sur le menu *Fichier*, *Nouveau*, puis sur une des recherches suggérées ou saisissez des mots-clés dans le champ *Rechercher*. En version 2007, cliquez sur *Présentations* dans la colonne de droite.

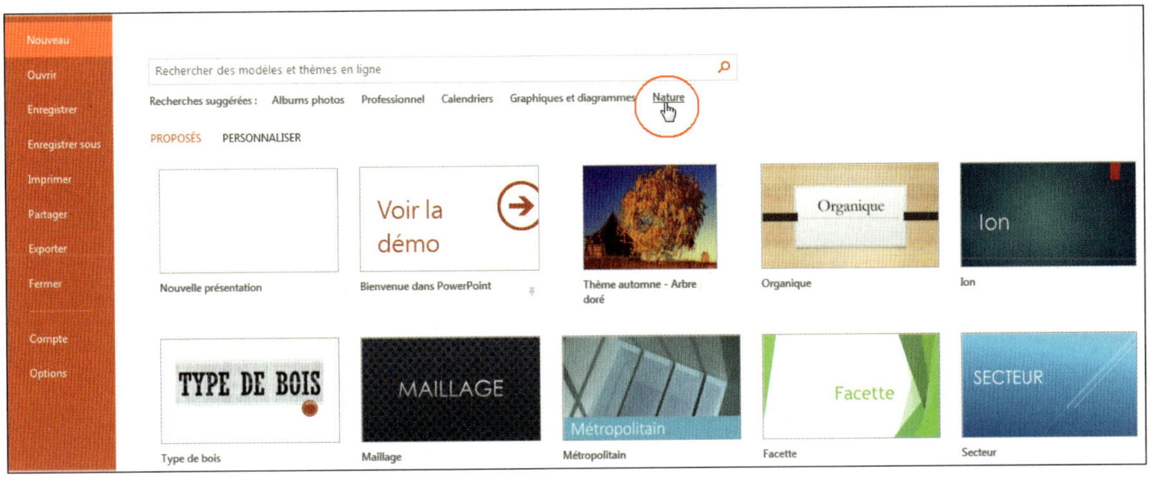

4 Lorsqu'un thème vous plaît, cliquez dessus pour l'afficher en plus gros dans la zone d'aperçu. Si vous décidez de l'utiliser, cliquez sur le bouton *Télécharger* (2007) ou *Créer*. Le modèle de présentation est téléchargé sur votre ordinateur et s'affiche sous la forme d'une nouvelle présentation dans PowerPoint (le modèle présenté ici est le fichier TP3 modèle Internet.pptx fourni avec les fichiers d'exercices).

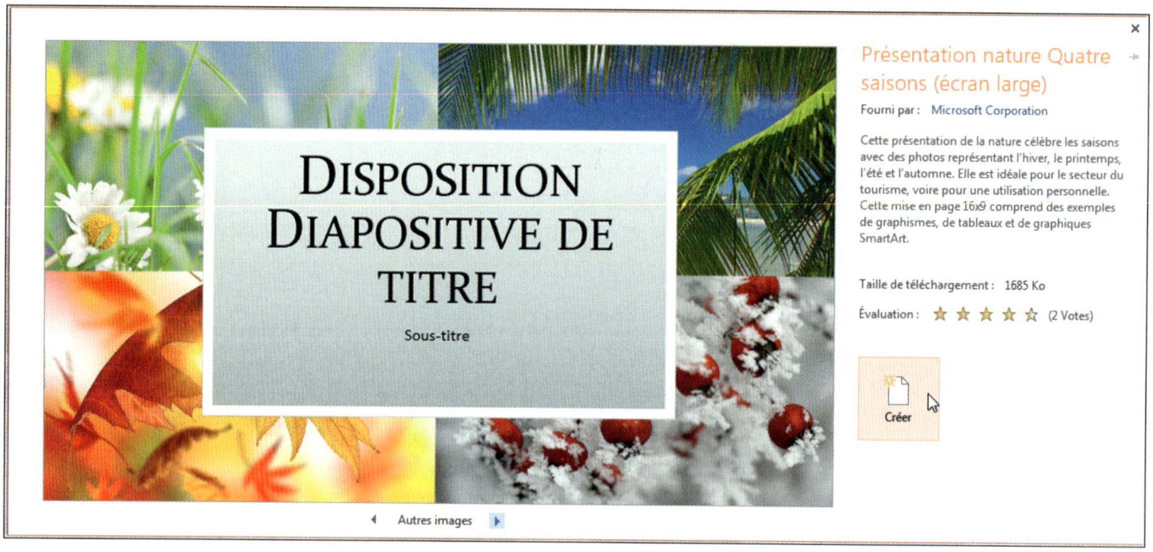

5 À ce stade, deux présentations sont ouvertes dans PowerPoint : celle que vous avez commencé à créer (TP3) et celle du modèle téléchargé. Pour transférer votre présentation dans le modèle, cliquez sur l'onglet *Affichage*, sur le bouton *Réorganiser tout* (voir TP2) puis affichez les deux présentations en mode *Plan* (voir TP1).

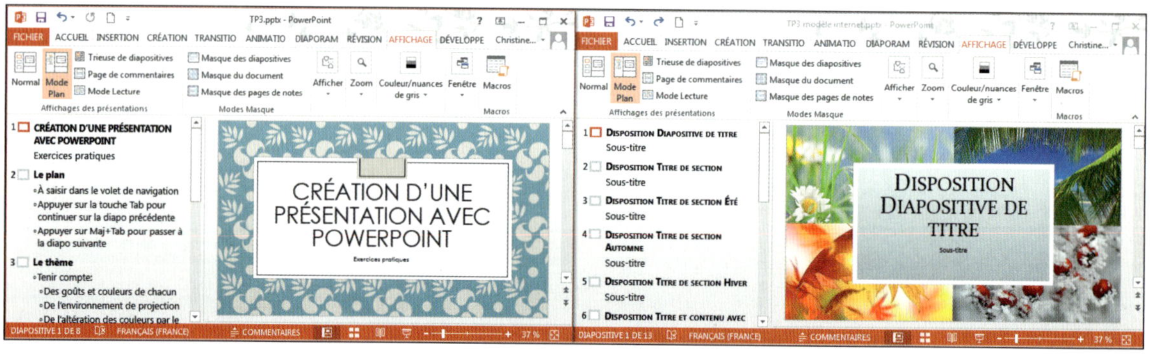

6 Cliquez dans le plan de votre présentation, appuyez sur le raccourci clavier *Ctrl+A* pour tout sélectionner et copiez-le (*Ctrl+C* ou clic-droit *Copier*). Cliquez dans le plan du modèle, sélectionnez-le (*Ctrl+A*), effacez-le (touche *Suppr*), puis collez le plan de votre présentation (*Ctrl+V* ou clic-droit, *Coller*). Il ne reste plus qu'à choisir, pour chaque diapositive, la disposition appropriée : cliquez par exemple sur la diapositive 3 intitulée « Le thème ». Sur l'onglet *Accueil*, cliquez sur le menu *Disposition* et choisissez *Titre de section*. Les graphismes et la mise en page de la diapositive changent, mais pas le texte.

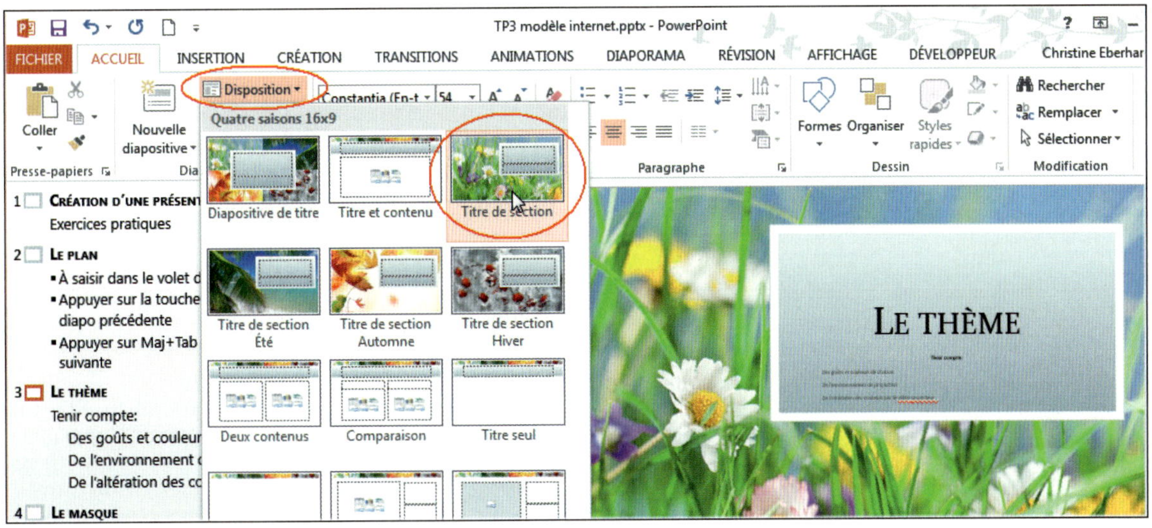

CRÉATION ET MISE EN FORME DE LA PRÉSENTATION

TP 4 Modifier les styles de texte et de titre sur toutes les diapos en même temps

Si vous sélectionnez du texte dans une diapositive et que vous en modifiez la police, la taille ou la couleur, l'effet se limitera à cette diapositive spécifique. Si vous voulez ensuite « assortir » les autres diapositives, il faudra recommencer sur chacune d'elles ! L'opération risque d'être laborieuse et il y a fort à parier que certains titres ne seront peut-être pas exactement comme leurs homologues. Les masques de diapositive sont des modèles qui règlent l'aspect graphique des diapositives qui leur sont rattachées. En général, il y en a toujours un pour la diapositive de titre et un autre plus « général » qui agit sur l'ensemble des autres diapositives de la présentation.

Prérequis : néant
Fichier employé : TP4.pptx ou votre propre présentation
Temps de réalisation : 10 minutes

1 Ouvrez le fichier TP4.pptx, choisissez le mode d'affichage *Normal* (icône en bas à droite ou ruban *Affichage*, *Normal*) et cliquez sur la première diapositive pour qu'elle s'affiche au centre. Nous allons commencer par modifier le style des titres de premier niveau.

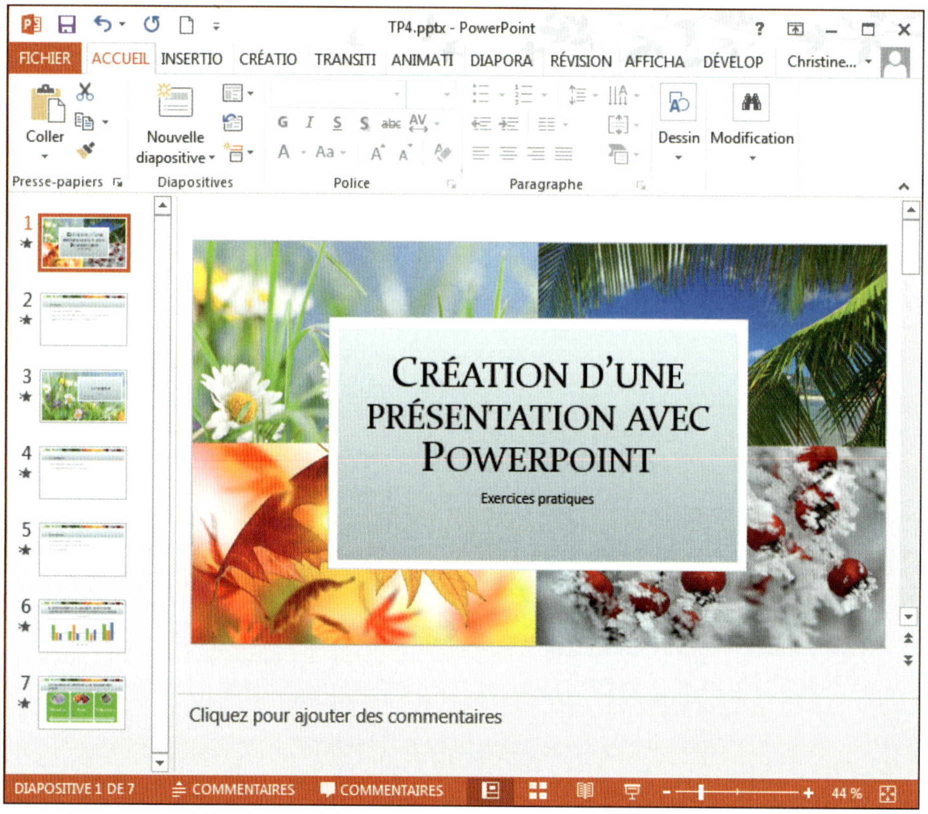

2 Cliquez sur l'onglet *Affichage*, puis sur *Masque des diapositives*. Le masque joue le rôle de feuille de style : il contrôle non seulement le style des titres et sous-titres dans toutes les diapositives qui lui sont associées, mais aussi l'affichage des images et graphismes. Pour savoir quelles sont les diapositives sur lesquelles agit un masque en particulier, il suffit de positionner le pointeur de la souris sur ce dernier et de lire l'info-bulle qui s'affiche.

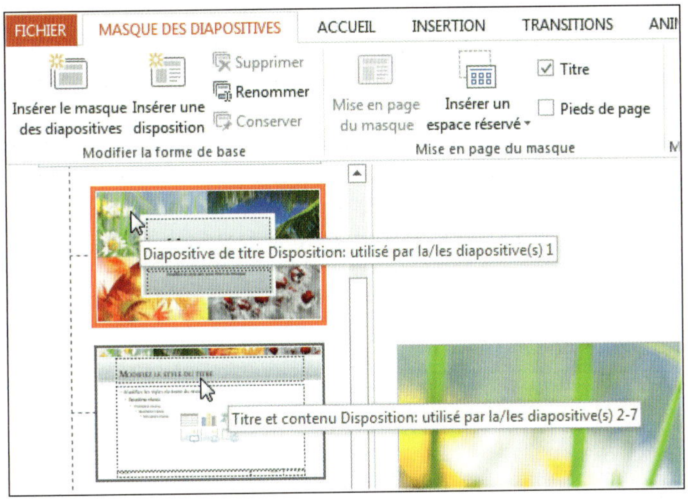

3 Cliquez sur le second masque qui est utilisé par les diapositives 2 à 7, puis sélectionnez le titre intitulé « Modifiez le style du titre ». Ouvrez l'onglet *Accueil* et choisissez une autre police, modifiez éventuellement aussi la couleur de ce titre, son alignement, sa taille, etc.

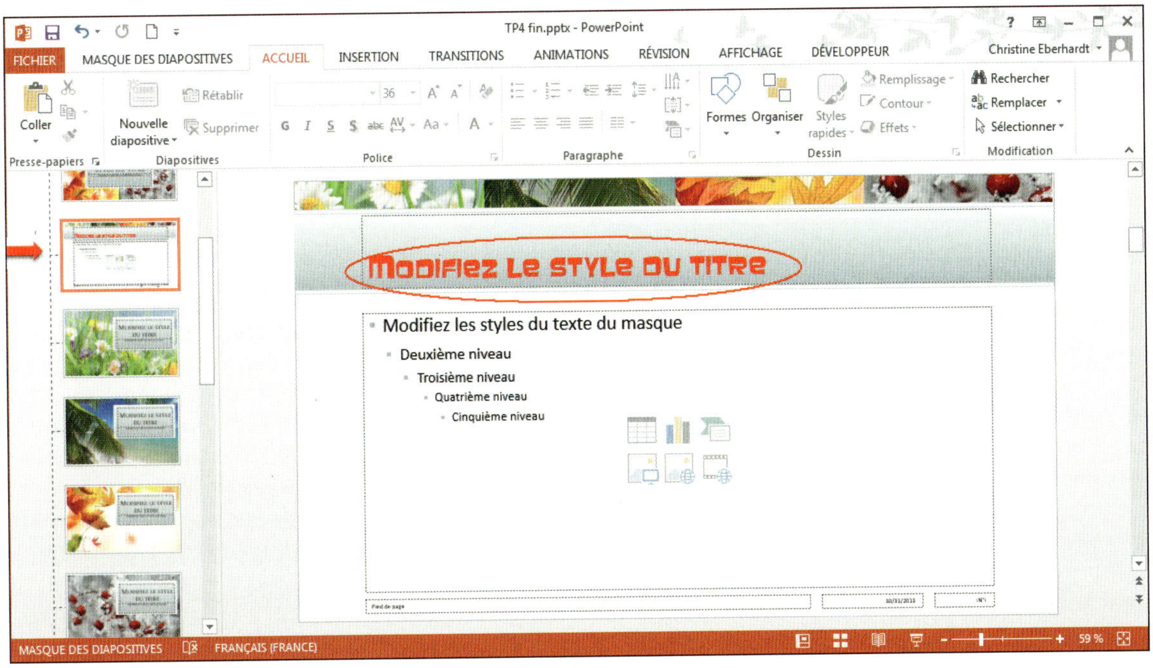

4 Cliquez sur l'onglet *Affichage* et choisissez de nouveau le mode d'affichage normal. Vous constatez qu'à part la diapositive de titre, toutes les autres ont changé de style de titre. Cela n'empêche pas cependant de modifier le titre d'une diapositive en particulier si cette dernière doit se démarquer des autres. Toute modification réalisée au niveau d'une diapositive annule la mise en forme correspondante du masque. Par exemple, sélectionnez la diapositive 6 avec le graphique puis changez la couleur, l'alignement et la taille de son titre. Vous constatez que le masque n'a rien bloqué et qu'elle se différencie maintenant des six autres.

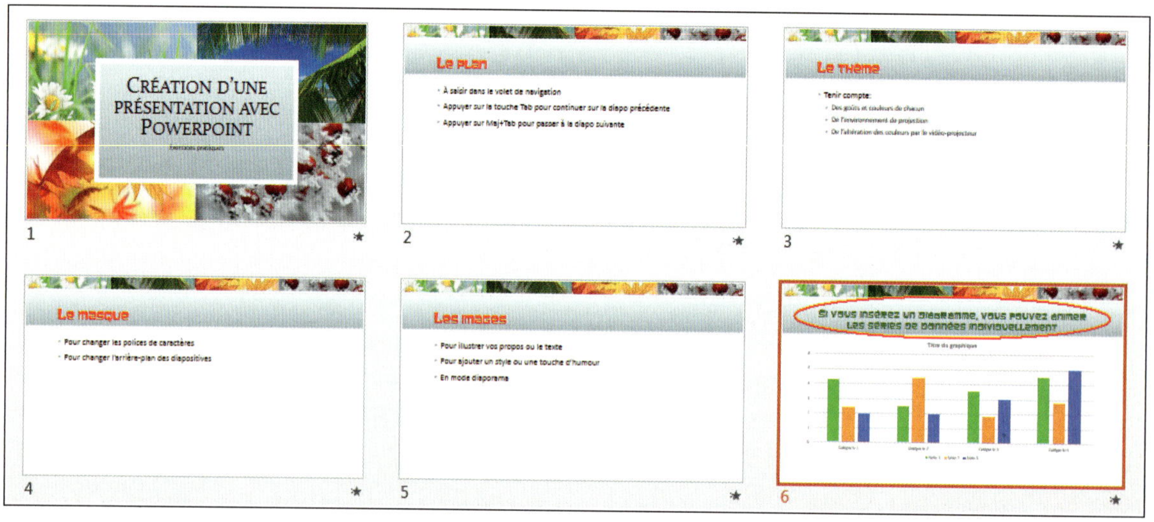

5 Cliquez sur l'onglet *Affichage*, puis de nouveau sur *Masque des diapositives*. Vous constatez que la partie centrale du masque répertorie cinq niveaux de titre. En effet, pour qu'un document soit homogène, on applique généralement aux différents niveaux de titre la même police et on exprime le niveau en faisant varier la taille des caractères, en appliquant un décalage, etc. Si vous cliquez sur la ligne d'un niveau puis que vous changez la police à partir de l'onglet *Accueil*, seule la ligne sélectionnée sera modifiée. Si vous voulez changer la police pour l'ensemble des niveaux de titre, choisissez plutôt cette dernière dans le menu *Polices* de l'onglet *Masque des diapositives*.

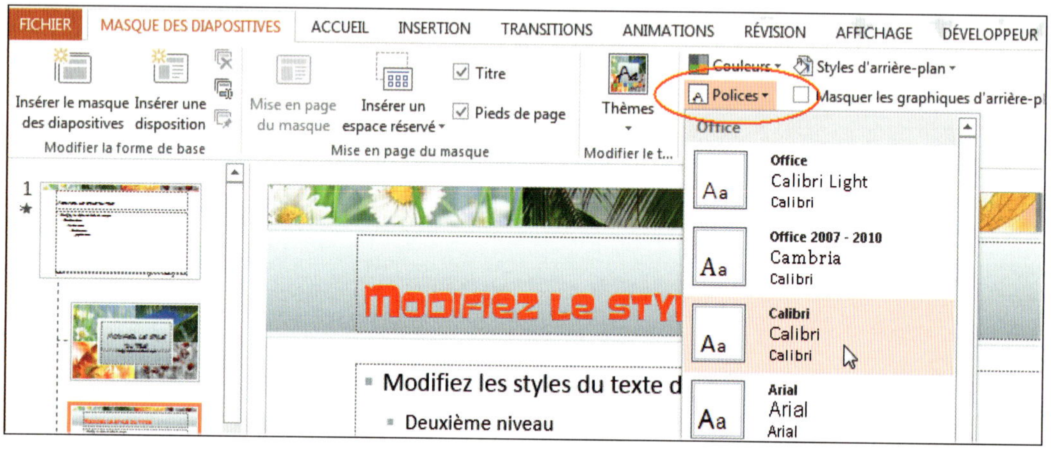

6 La liste de polices initiale est très sobre, mais vous avez la possibilité de créer de nouveaux ensembles de polices plus originaux. Cliquez sur l'option *Personnaliser la police* dans le bas du menu *Polices*. Choisissez ensuite une police dans la liste déroulante *Police du titre*, puis une autre dans la liste déroulante *Police du corps de texte*. La zone d'aperçu (*Exemple*) présente le jeu de styles sélectionné.

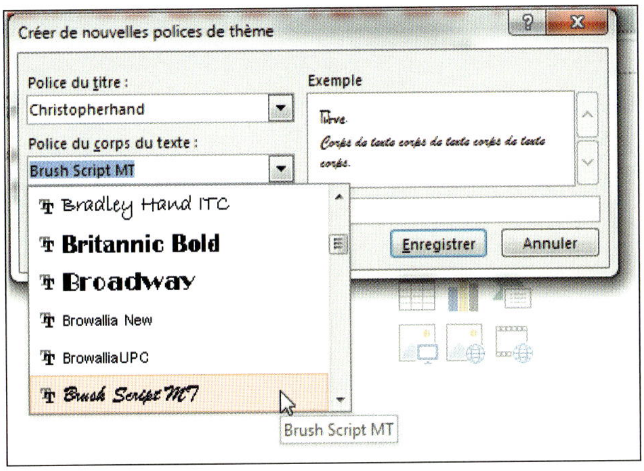

7 Une fois les polices de titre et sous-titres choisies, donnez un nom à la nouvelle police de thème dans le champ *Nom* et cliquez sur *Enregistrer*. Les polices de thème personnalisées s'affichent en tête du menu *Polices* de l'onglet *Masque des diapositives*.

8 Outre son action sur les styles de police, le masque est également porteur de graphismes. Dans notre fichier, par exemple, toutes les diapositives « Titre et contenu » sont équipées d'un bandeau floral le long de leur bord supérieur. Tout autre graphique que vous pourriez ajouter sur cette diapositive masque s'affichera automatiquement sur toutes les diapositives associées (voir TP15 sur l'ajout d'un Logo). Il est cependant possible de masquer ces graphismes dans certaines diapositives. Retournez en mode d'affichage normal, cliquez-droit sur la diapositive 5 les images et choisissez *Mise en forme* de l'arrière-plan.

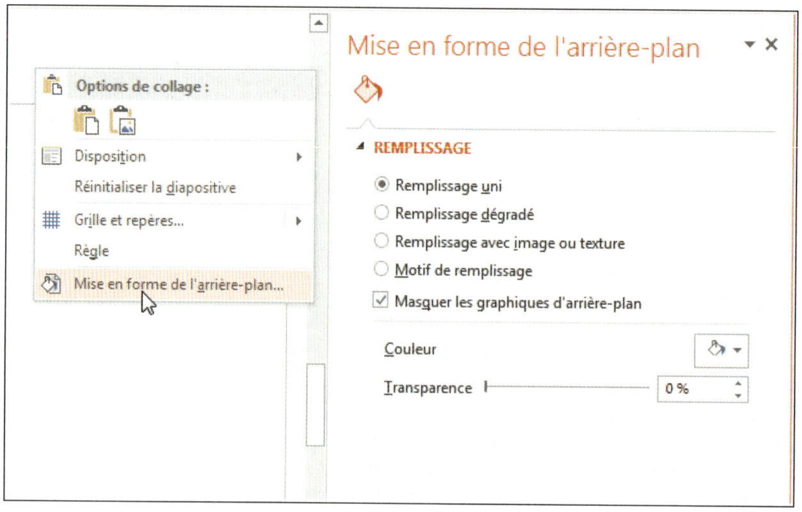

9 Dans la fenêtre *Mise en forme de l'arrière-plan*, cochez la case *Masquer les graphiques d'arrière-plan*. Cette fenêtre offre aussi la possibilité de remplir l'arrière-plan de la diapositive sélectionnée avec une couleur unie, un dégradé ou une image comme vous le découvrirez dans le TP qui suit.

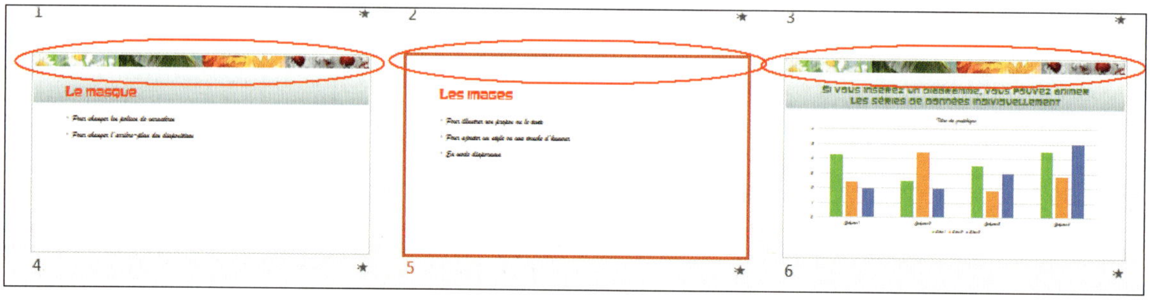

TP 5 Changer l'arrière-plan d'une diapositive

Si vous avez suivi les TP précédents, vous avez pu découvrir les nombreux modèles et thèmes disponibles pour illustrer vos présentations. Cela permet de créer des diapositives très graphiques et de magnifiques présentations. Cependant, il arrive que pour certains contenus de diapositive, les graphismes ne soient plus les bienvenus. Dans ce cas, vous les masquez comme expliqué au TP précédent et vous personnalisez l'arrière-plan de sorte qu'il mette mieux en valeur le contenu de la diapositive.

Prérequis : néant
Fichier employé : TP5.pptx ou votre propre présentation
Temps de réalisation : 10 minutes

1 Ouvrez le fichier TP5.pptx. Vous constatez que le thème crée une présentation très moderne et dynamique. Nous voulons cependant illustrer dans la diapositive 4 la première façon de présenter une image : en arrière-plan de la diapositive. Cliquez-droit dans le fond de cette diapositive et choisissez *Mise en forme de l'arrière-plan*. Dans la fenêtre *Mise en forme de l'arrière-plan*, cochez la case *Masquer les graphiques d'arrière-plan* puis cochez *Remplissage avec image ou texture*. La première texture de la bibliothèque de Microsoft ou la dernière utilisée est aussitôt appliquée.

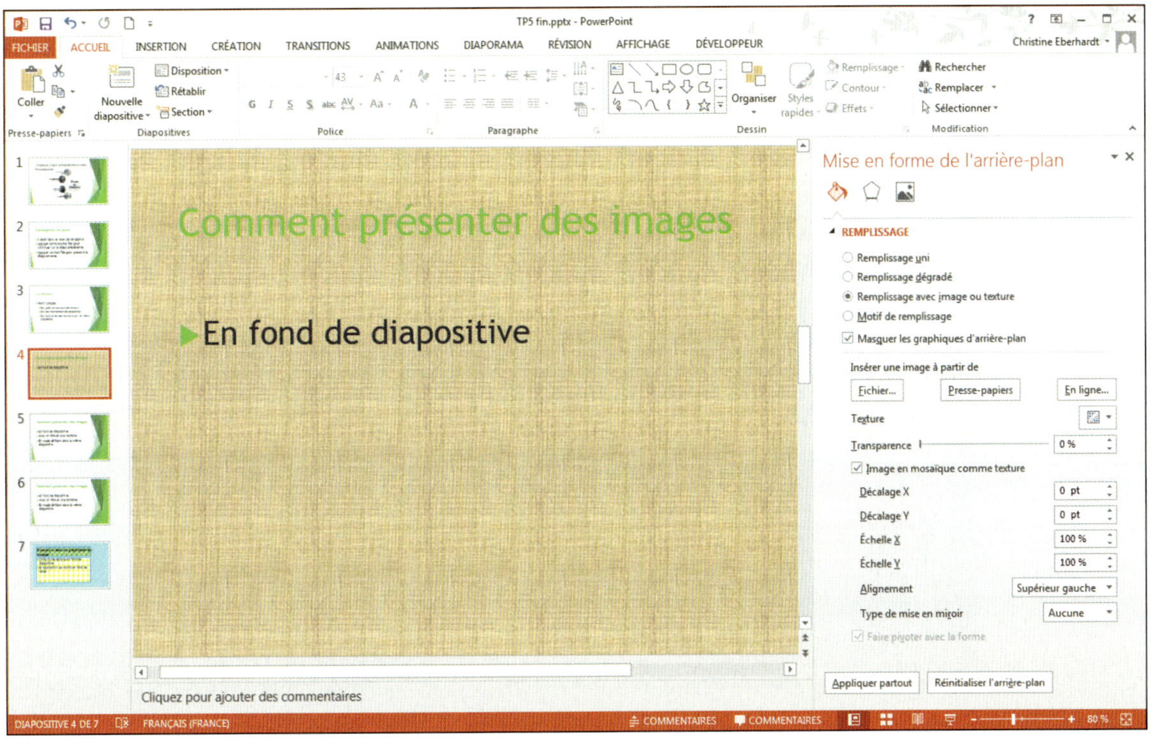

2 Si l'image à insérer est déjà enregistrée sous forme de fichier sur votre ordinateur, cliquez sur le bouton *Fichier*, localisez-la dans vos dossiers utilisateur puis cliquez sur *Ouvrir* (testez avec une des images proposées dans vos fichiers d'exercices). Quelle que soit sa taille, PowerPoint va l'afficher de sorte qu'elle recouvre tout le fond de la diapositive, sans la déformer. Faites glisser éventuellement le curseur de transparence pour atténuer son effet.

3 Si vous ne disposez pas d'une image appropriée, vous avez la possibilité à ce stade d'aller la chercher sur Internet. Ouvrez votre navigateur (ne fermez pas PowerPoint, l'ordinateur sait très bien gérer de multiples fenêtres), lancez une recherche dans votre navigateur favori puis cliquez sur l'image choisie. Dès qu'elle s'affiche dans sa page Web (en taille réelle), cliquez-droit dessus et choisissez *Copier l'image* (si cette fonction n'est pas disponible c'est que l'image est protégée, choisissez-en une autre).

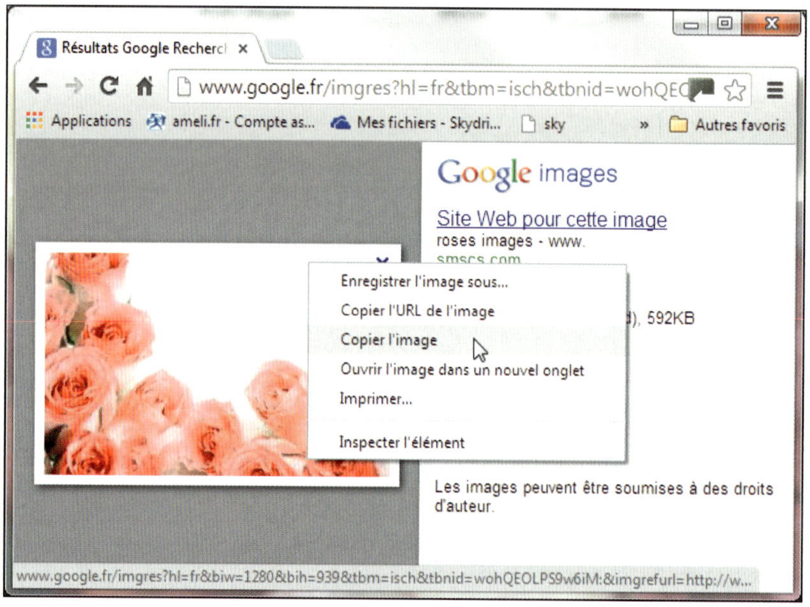

4 De retour dans la fenêtre PowerPoint, cliquez simplement sur le bouton *Presse-papiers* et vous obtenez le même résultat qu'à l'étape 2. La seconde moitié de la fenêtre *Mise en forme de l'arrière-plan* propose d'afficher l'image en mosaïque, c'est-à-dire de la répéter sur tout le fond de la diapositive. Cochez cette option. Bien entendu, si l'image est suffisamment grande, elle ne sera pas répétée et cette option n'aura aucun effet. Dans ce cas, modifiez les champs échelle X et échelle Y pour réduire la taille de l'image. Si elle devient suffisamment petite, l'effet « pied-de-poule » est assez intéressant (n'hésitez pas à tester les différents types de mise en miroir).

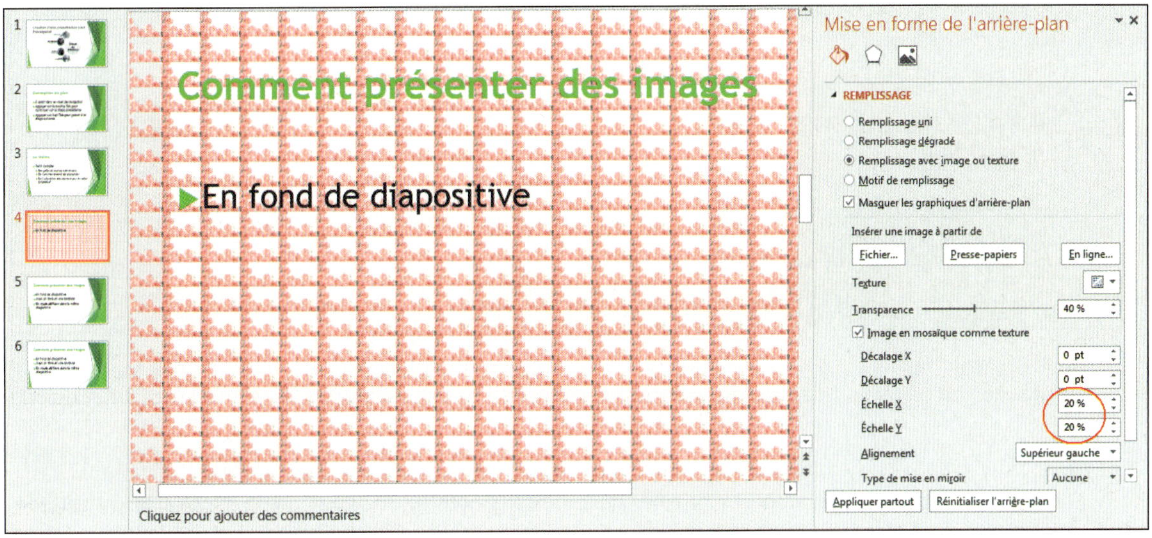

5 Il reste trois autres options de remplissage de l'arrière-plan à explorer : uni ou dégradé, texture et motif. Vous appliquez une couleur unie ou en dégradé simplement en cliquant sur l'option appropriée, mais l'option dégradé mérite quelques explications. Le dégradé est défini à partir de points de dégradés prédéfinis et personnalisables. Chaque zone située entre deux points est remplie à l'aide d'un dégradé de la couleur du premier point vers la couleur du second. Pour changer la couleur d'un point, cliquez dessus pour le sélectionner puis choisissez la couleur dans la palette *Couleurs du thème*.

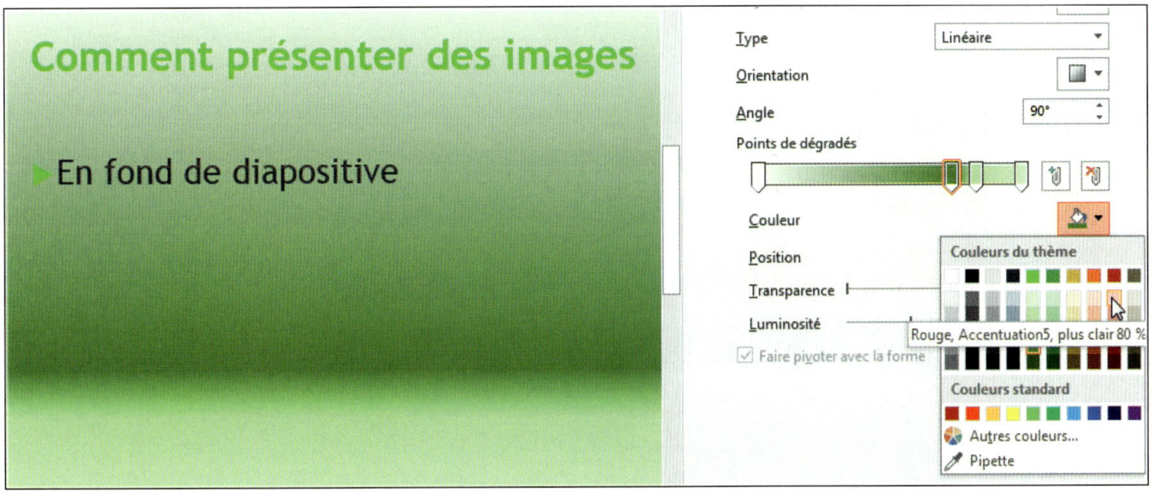

6 N'hésitez pas à ajouter des points de dégradé en cliquant sur la barre de dégradé. Pour en supprimer un, cliquez dessus pour le sélectionner puis cliquez sur le bouton *Supprimer* (le trombone avec une croix rouge) à droite de la barre de dégradé.

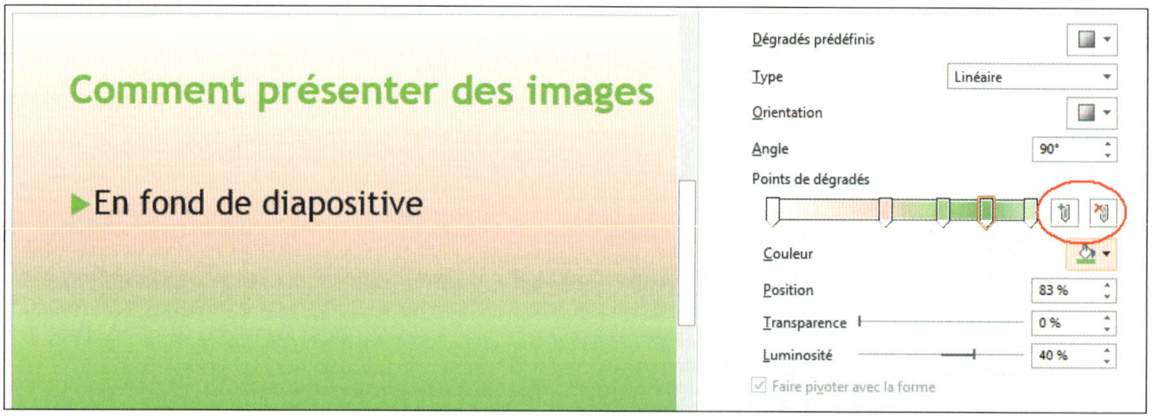

7 Pour terminer, l'option motif donne au fond de la diapositive un aspect de matière : papier journal, papier recyclé, gouttelettes, etc. Les textures proposées par PowerPoint sont les mêmes qu'avec Word et la version 2013 n'apporte rien de nouveau. Le choix est toujours aussi limité et peu attractif. Si vous recherchez de beaux effets de matière, prenez vous-même des photos de tissus, écorce, terre, etc. et insérez ces textures en image d'arrière-plan. Notez que vous pouvez aussi choisir l'arrière-plan des zones de texte. Cliquez-droit sur l'une d'elles et choisissez *Format de la forme* : vous obtenez les mêmes options de remplissage. Dans l'exemple ci-dessous, nous avons sélectionné des motifs de remplissage. Cliquez sur la grille des motifs puis choisissez les deux couleurs de ce dernier dans les menus déroulant *Premier plan* et *Arrière-plan*. L'option *Ligne* en dessous permet d'afficher un cadre autour de la zone.

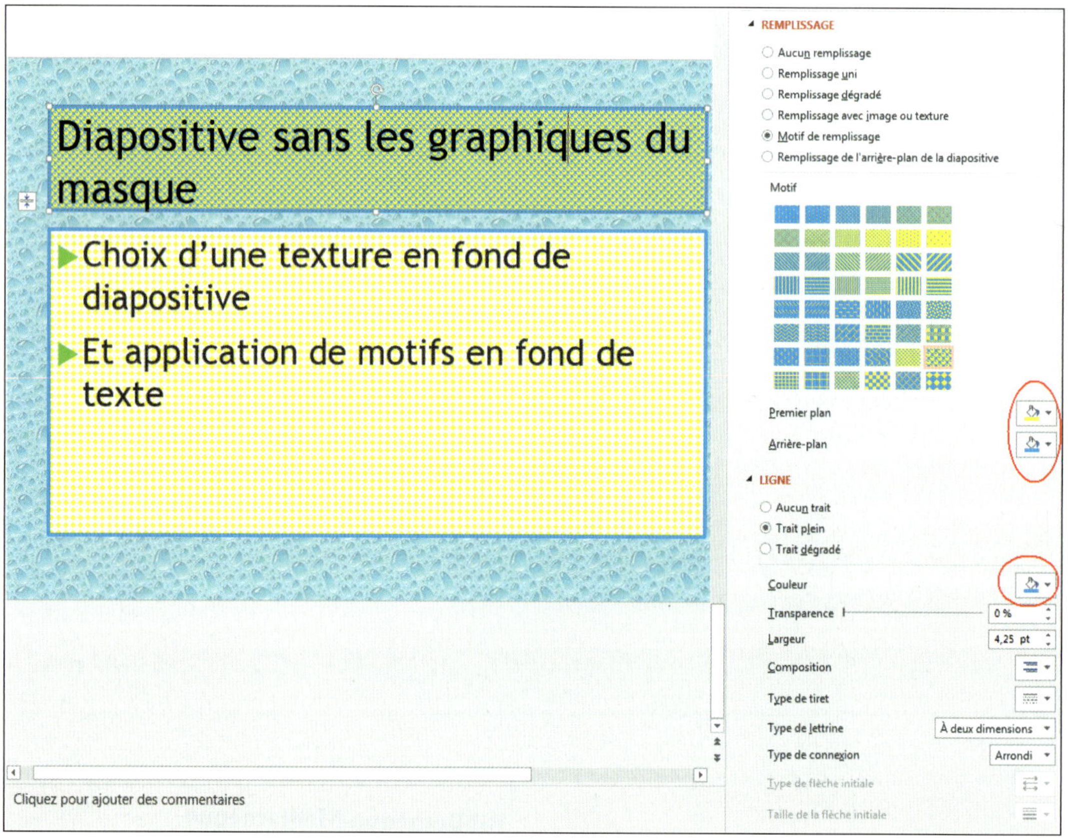

Gérer le contenu des diapositives

Les TP de cette deuxième partie présentent tous les outils à votre disposition pour remplir et mettre en page vos diapositives. Pour vous aider dans cette tâche, PowerPoint propose différentes dispositions qui structurent rapidement la diapositive en insérant des zones de titres, de sous-titre et d'insertion d'objet de différentes façons. Les explications fournies dans cette section vous permettront de personnaliser une disposition donnée et d'ajouter d'autres éléments tels que des zones de texte simples ou des boutons d'action.

TP 6 Choisir une disposition

Les dispositions sont des structures de pages prédéfinies qui permettent de découper la diapositive en zones prêtes à remplir avec différents types d'éléments : texte, image, graphique, etc. Théoriquement vous la choisissez à la création de la diapositive, mais vous pouvez très bien la modifier si vous changez d'avis par la suite. Ce TP présente très rapidement les dispositions mais elles seront exploitées à de nombreuses reprises dans les TP suivants.

Prérequis : néant
Fichier employé : TP6.pptx ou votre propre présentation
Temps de réalisation : 5 minutes

1 Ouvrez le fichier TP6.pptx et cliquez sur la diapositive 4. Sur l'onglet *Accueil*, cliquez sur le menu déroulant *Nouvelle diapositive*. Ce menu présente les différentes dispositions disponibles. Si vous cliquez sur l'icône de diapositive au-dessus, la diapositive créée correspond automatiquement à une disposition *Titre et contenu*. Choisissez cette disposition, une nouvelle diapositive apparaît à la suite de la diapositive sélectionnée. Saisissez un titre et deux sous-titres.

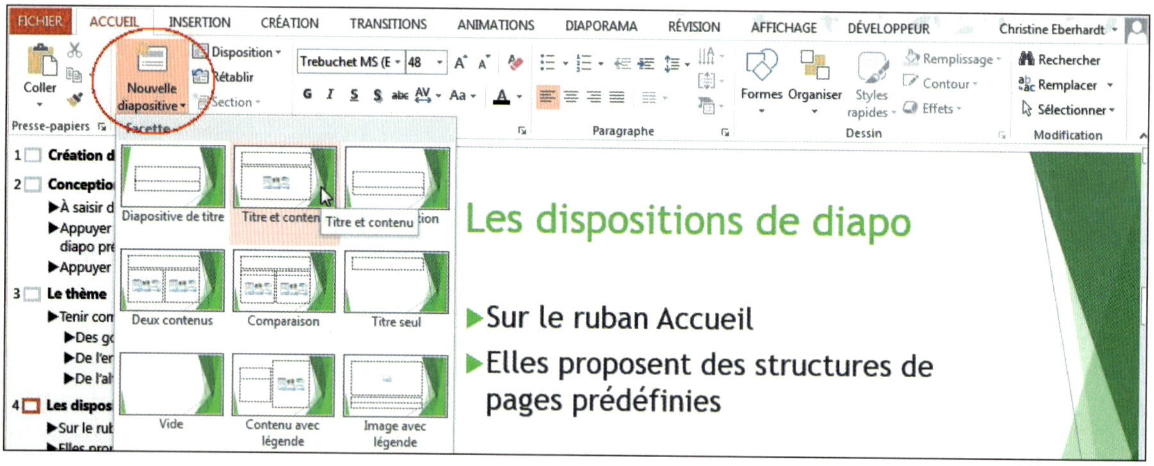

2 Imaginons maintenant que vous décidiez d'insérer une image pour illustrer le texte. Cliquez sur le menu *Disposition* et choisissez *Deux contenus*. La diapositive est automatiquement séparée en deux, il ne reste plus qu'à cliquer sur l'icône *Images* pour insérer cette dernière.

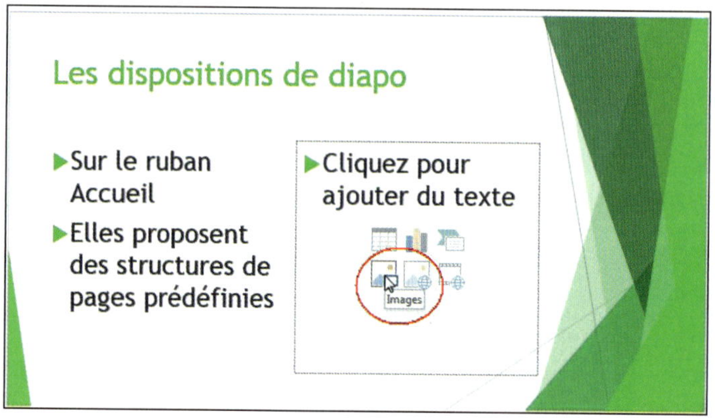

TP 7

Copier-coller multiple (presse-papiers)

Ouvrir le presse-papiers doit être un réflexe dès que vous créez un document dans lequel vous aurez besoin d'insérer des éléments « extérieurs », comme du texte ou des graphiques, ou d'effectuer des copier-coller au sein du même document. Le presse-papiers n'est pas spécifique à PowerPoint, c'est un outil commun à toutes les applications Office, et son contenu est partagé par toutes ces applications.

Prérequis : néant
Fichier employé : TP7.pptx, TP7.docx ou votre propre présentation
Temps de réalisation : 5 minutes

1 Ouvrez le fichier TP7.pptx et cliquez sur la diapositive 7. Pour illustrer les possibilités d'insertions d'images dans PowerPoint, nous allons avoir besoin de plusieurs images et d'une copie de cette diapositive. Cliquez-droit sur sa miniature et choisissez *Copier*. Sur l'onglet *Accueil*, cliquez sur le lanceur de boîte de dialogue *Presse-papiers*. Celui-ci s'ouvre sous la forme d'un volet à gauche de celui des miniatures. Vous constatez qu'il contient la diapositive copiée. Si vous cliquez sur cette dernière, elle va se coller à la suite de la diapositive sélectionnée et vous allez avoir deux diapositives identiques en positions 7 et 8.

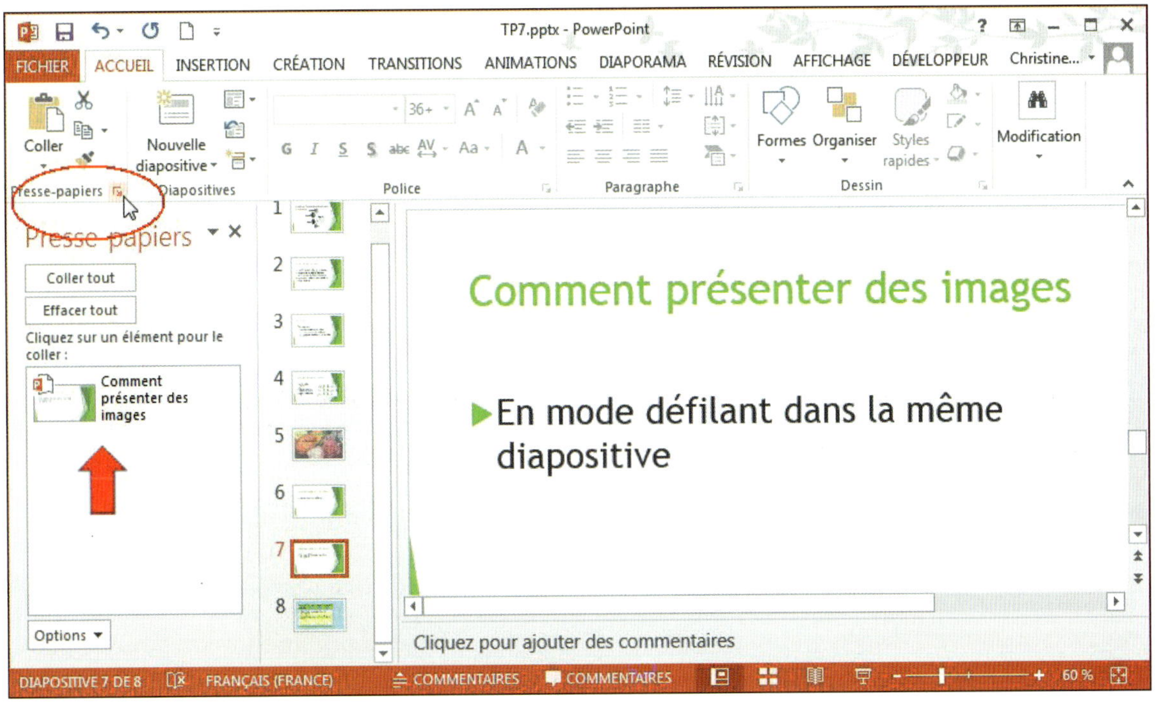

2 Nous allons maintenant aller chercher les trois images dont nous avons besoin. Pour simplifier ce TP et illustrer l'aspect partagé du *Presse-papiers*, elles sont fournies dans un document Word, mais vous pourriez très bien aller les chercher sur Internet. Il est seulement important de ne pas fermer le *Presse-papiers*, il ne se remplit que s'il est ouvert dans une des applications Office. Ouvrez le fichier TP7.docx et ouvrez le *Presse-papiers* dans Word comme vous l'avez fait dans PowerPoint : vous constatez qu'il contient le même élément.

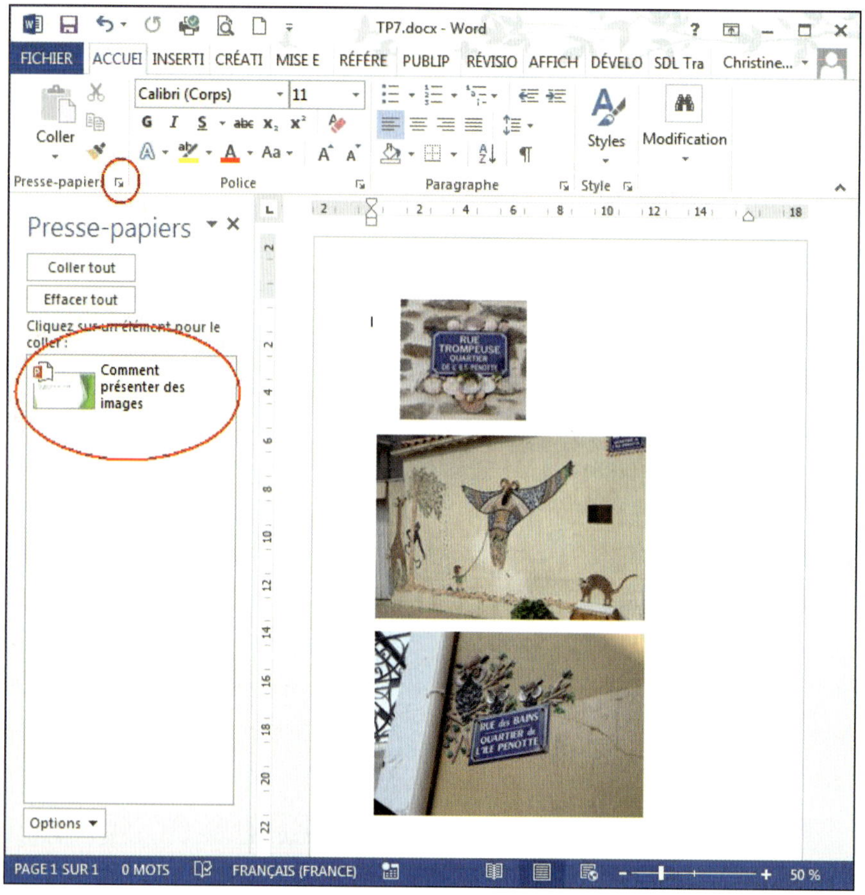

3 Copiez tour à tour chacune des trois images du document Word, fermez ce document puis revenez dans la fenêtre PowerPoint. Le presse-papiers contient bien les trois images copiées dans Word. Sélectionnez la diapositive 6 puis cliquez sur la première image dans le presse-papiers. Notez que si vous travaillez dans la version 2013, des repères s'affichent (le trait pointillé rouge sur la capture) lorsque vous déplacez l'image pour vous aider à la centrer par rapport aux autres éléments de la diapositive.

4 Sélectionnez la diapositive 7 puis cliquez tour à tour sur la seconde puis la troisième image dans le presse-papiers. Positionnez les images l'un sur l'autre, nous les afficherons l'une après l'autre lors du diaporama, en appliquant les animations du TP consacré au défilement des images.

GÉRER LE CONTENU DES DIAPOSITIVES

TP 8 Insérer des objets

Tout ce que vous saisissez dans le plan apparaît sous forme de titres et sous-titres dans les diapositives. Si vous complétez par la suite le texte des zones réservées des diapositives, le plan reflète ces modifications. Vous avez aussi la possibilité d'insérer des formes et zones de texte, la différence c'est que le texte qu'elles contiendront ne sera pas visible dans le plan et ne pourra être animé à partir du masque des diapositives. Il faudra simplement l'animer individuellement. Dans ce TP, nous allons ajouter sur une diapositive une forme et une image clipart. Vous découvrirez quantité d'autres objets à insérer dans les TP qui suivent.

Prérequis : néant.
Fichier employé : TP8.pptx ou votre propre présentation
Temps de réalisation : 10 minutes

1 Ouvrez le fichier TP8.pptx et cliquez sur la diapositive 2. Nous allons commenter l'image dans une forme et ajouter des cliparts en illustration. Les cliparts sont de petites images prêtes à l'emploi qui peuvent faire office de logo ou de décoration. On peut définir les formes comme des zones de texte qui sortent du format « carré ». Pour les afficher, cliquez sur le bouton *Formes* de l'onglet *Insertion* puis sur le *rectangle*.

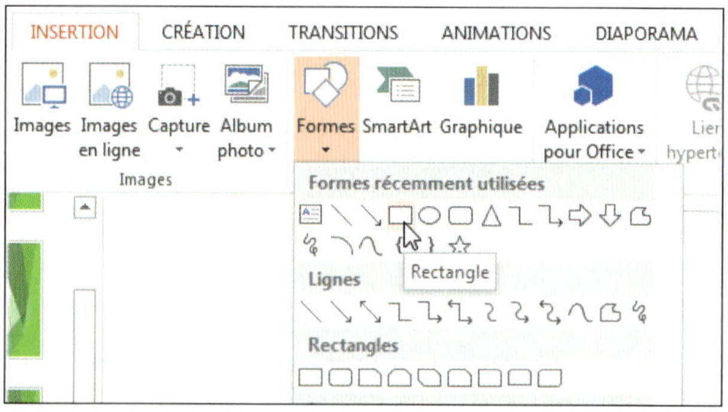

2 Une fois la forme choisie il ne se passe rien, c'est normal, PowerPoint attend que vous dessiniez votre forme. Cliquez-glissez votre souris sur la diapositive pour la dessiner. Notez qu'elle adopte une couleur directement assortie au thème de la présentation. Pour ajouter du texte, cliquez-droit sur cette dernière et choisissez *Modifier le texte*.

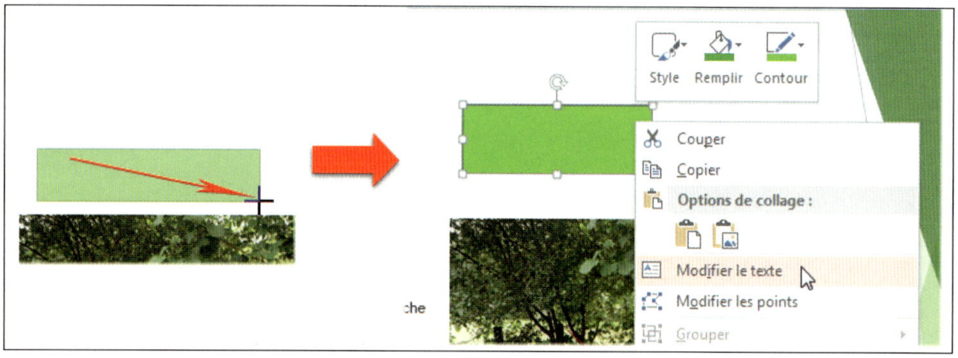

3 Comme pour les images, dès qu'une forme est active, un nouveau ruban *Format* s'affiche avec toutes les options associées à cette forme. Vous avez ainsi la possibilité à tout moment de changer la forme de cette dernière en cliquant sur le bouton *Modifier la forme* à gauche puis en choisissant par exemple ici *Rectangle avec flèche vers le bas*.

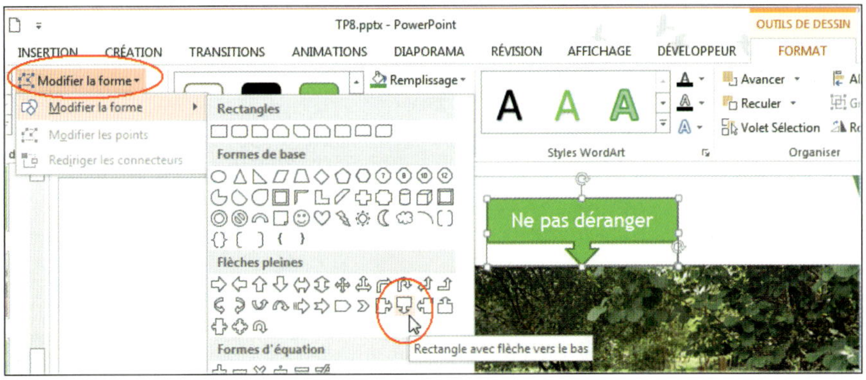

4 Vous disposez ensuite d'une galerie de thèmes de remplissage pour modifier la couleur de la forme et du texte. Ouvrez cette galerie et cliquez sur le modèle de votre choix ou choisissez vous-même les couleurs de remplissage, de contour et l'effet à appliquer dans les trois menus présentés à droite de la galerie. Les effets d'ombre et de biseau, en particulier, procurent du volume à la forme et la « décollent » du fond de la diapositive.

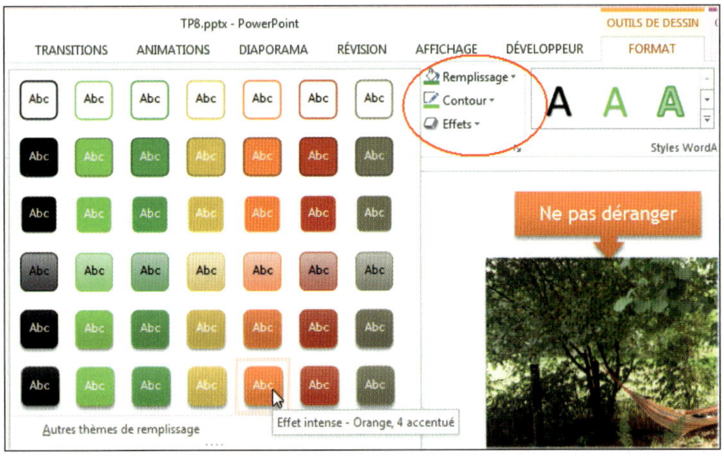

5 Vous pouvez enfin changer de police ou de couleur de caractère en sélectionnant le texte puis en cliquant sur les options de la mini-barre d'outils qui s'affiche près du pointeur. Cette mini-barre s'affiche dès qu'elle est susceptible de servir, c'est-à-dire à chaque fois que vous sélectionnez du texte et s'estompe très rapidement si vous ne vous en servez pas. Elle est assez pratique et évite le changement de ruban en cas de mise en forme du texte, mais si elle vous agace, vous avez la possibilité de la désactiver. Pour ce faire, cliquez sur le menu *Fichier*, puis *Options* et décochez la case *Afficher la mini-barre d'outils lors de la sélection* proposée sur l'onglet *Général* (le premier qui s'affiche).

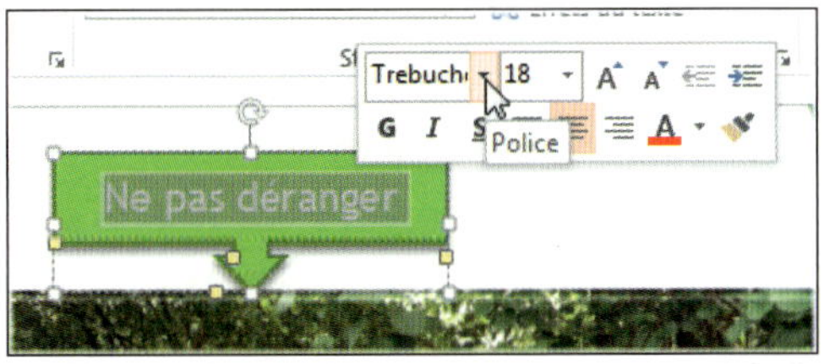

6 La galerie suivante propose des mises en forme du texte de style WordArt. Sélectionnez le texte dans la forme, ouvrez la galerie puis survolez chaque modèle avec la souris pour obtenir un aperçu de l'effet. Notez l'option *Effacer les styles WordArt* dans le bas de la galerie qui permet de retrouver le texte d'origine. Comme toujours, la galerie propose un ensemble de jeux de remplissage-contour-effet mais vous pouvez créer votre modèle personnalisé en choisissant chacune de ces trois options dans les menus correspondants : *Remplissage du texte*, *Contour du texte* et *Effets du texte*.

7 Pour ajouter maintenant des images cliparts, affichez l'onglet *Insertion* puis cliquez sur *Images en ligne* (2013) ou *Images clipart*. Jusqu'à la version 2010, les images clipart s'affichent dans un volet à droite de la fenêtre. Saisissez un mot-clé dans le champ de recherche, puis choisissez dans quelle collection vous désirez effectuer cette recherche en ouvrant le menu *Collections sélectionnées* puis en cochant les cases appropriées. En version 2013, saisissez le ou les mots-clés dans le champ *Image Clipart*. Notez que cette fenêtre fournit directement l'accès à vos dossiers Skydrive si vous avez enregistré votre compte à l'installation du pack Microsoft Office.

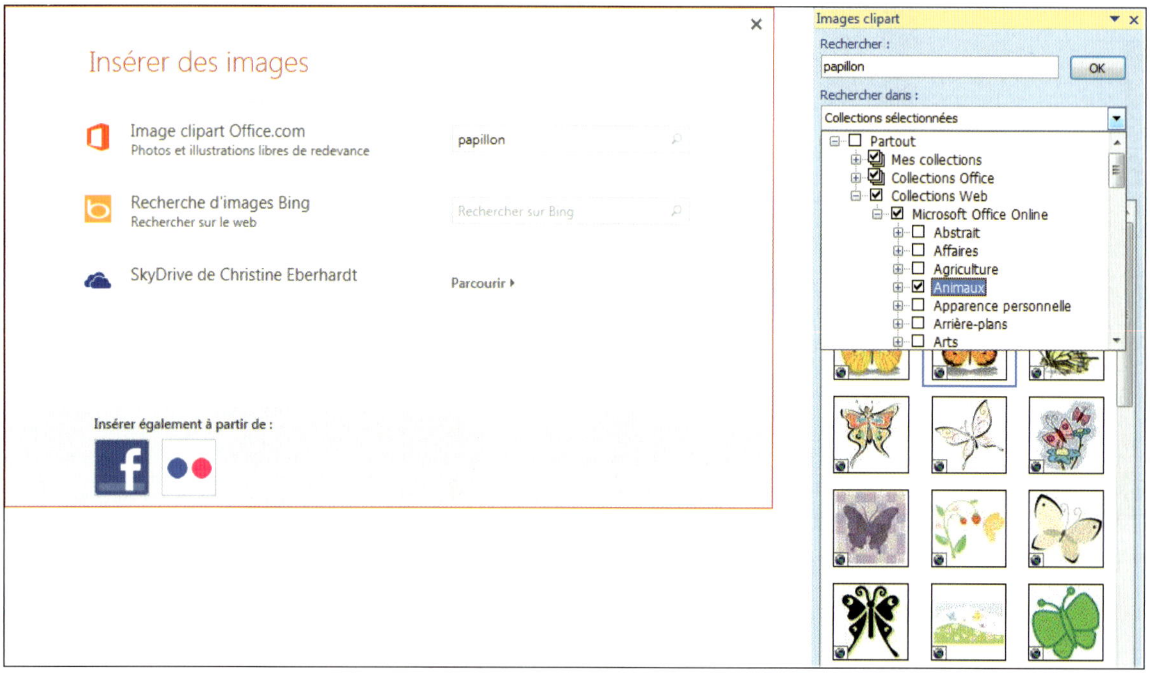

8 Pour obtenir l'illustration de notre exemple, saisissez les mots-clés « Motif floral avec papillon » en cherchant dans toutes les collections. Cliquez simplement sur le clipart dans le volet *Images clipart*, puis sur le bouton *Insérer* dans PowerPoint 2013. Faites-le glisser dans le coin inférieur droit de la diapositive puis redimensionnez-le pour qu'il soit moins haut et plus large et qu'il recouvre en partie l'image.

9 Pour que ce clipart s'intègre parfaitement dans le fond de la diapositive, nous allons rendre son fond transparent et le positionner en arrière-plan par rapport aux autres éléments. Ouvrez le menu *Couleur* de l'onglet *Format*, cliquez sur *Couleur transparente* puis sur le fond blanc du clipart. Vous voyez aussitôt apparaître les graphiques du masque et le coin de l'image qui était initialement masqué. Cliquez enfin sur le menu *Reculer* et choisissez *Mettre à l'arrière-plan*.

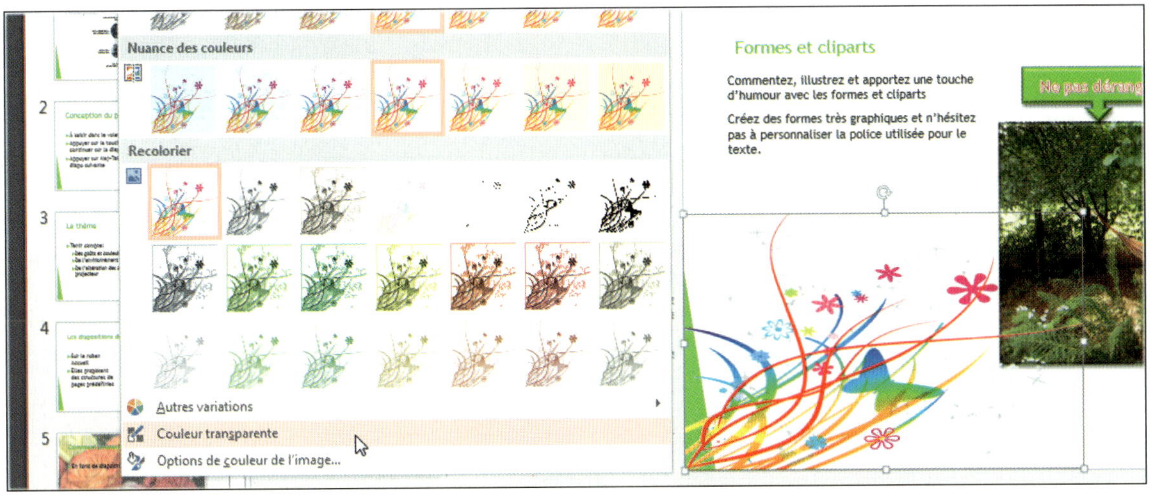

TP 9 Manipuler les objets

Dès que vous insérez une combinaison d'images et de formes sur une diapositive, vous avez besoin de les positionner les unes par rapport aux autres, éventuellement de les regrouper, de supprimer les fonds, etc. Pour illustrer toutes ces opérations, nous allons ajouter dans ce TP un envol de papillons sur la diapositive 9 du TP précédent.

Prérequis : TP8
Fichier employé : TP9.pptx ou votre propre présentation
Temps de réalisation : 15 minutes

1 Ouvrez le fichier TP9.pptx et cliquez sur la diapositive 2. Cliquez sur *Insertion, Images en ligne* ou *Images clipart* et lancez une recherche avec le mot-clé *Papillon*. Choisissez un papillon sur fond blanc et insérez-le dans la diapositive. Ce papillon étant sélectionné, copiez-le (*Ctrl+C* ou clic-droit *Copier*), puis collez-le (*Ctrl+V* ou clic-droit *Coller*) cinq fois. Notez que le fond blanc est devenu automatiquement transparent. En effet, comme nous avions défini cette couleur comme transparente dans le motif floral, toutes les nouvelles images adoptent la même particularité.

2 Pour déplacer une forme, il suffit de se positionner au-dessus puis de cliquer-glisser. Pour la positionner avec précision, n'hésitez pas à utiliser les touches flèches du clavier. Pour la redimensionner, placez le pointeur de la souris au-dessus d'une poignée de redimensionnement et cliquez-glissez dès que le pointeur prend la forme d'une double flèche. N'allez pas trop vite et si vous faites une fausse manipulation, servez-vous du raccourci clavier *Ctrl+Z*, c'est plus rapide et facile que d'aller cliquer sur la petite flèche *Annuler* en haut de l'écran.

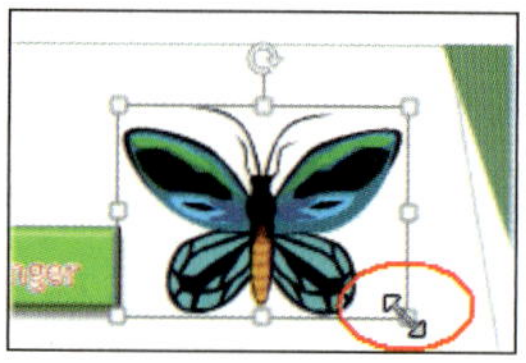

3 Positionnez les papillons comme s'ils volaient ensemble en dégradant les tailles pour donner de la perspective au mouvement. Pour faire pivoter une forme, placez le pointeur sur la poignée en forme de flèche de rotation puis cliquez-glissez. En règle générale, pour ne pas déformer une image, il faut toujours redimensionner à partir d'un coin. Pour cette fois, vous pouvez utiliser les poignées latérales. Le papillon déformé donnera l'impression d'avoir les ailes relevées derrière lui.

4 Insérez ensuite un autre modèle de papillon et copiez-collez-le pour qu'il apparaisse en quatre exemplaires. Redimensionnez-les et positionnez-les de sorte qu'ils s'intercalent entre les papillons précédents, en les faisant se chevaucher. Vous constatez qu'ils se placent tous « au-dessus » des précédents. C'est normal, à chaque fois que vous insérez un élément dans une diapositive, il se place au-dessus de tout ce qui a déjà été introduit, comme si vous empiliez des calques contenant chacun un élément.

5 Pour que l'effet de perspective soit parfait, il faut faire en sorte que chaque nouveau papillon soit sous le précédent et au-dessus du suivant. Pour ce faire, cliquez sur chaque papillon tour et tour puis cliquez de façon répétitive sur les deux boutons *Avancer* et *Reculer* jusqu'à ce que vous obteniez l'effet recherché.

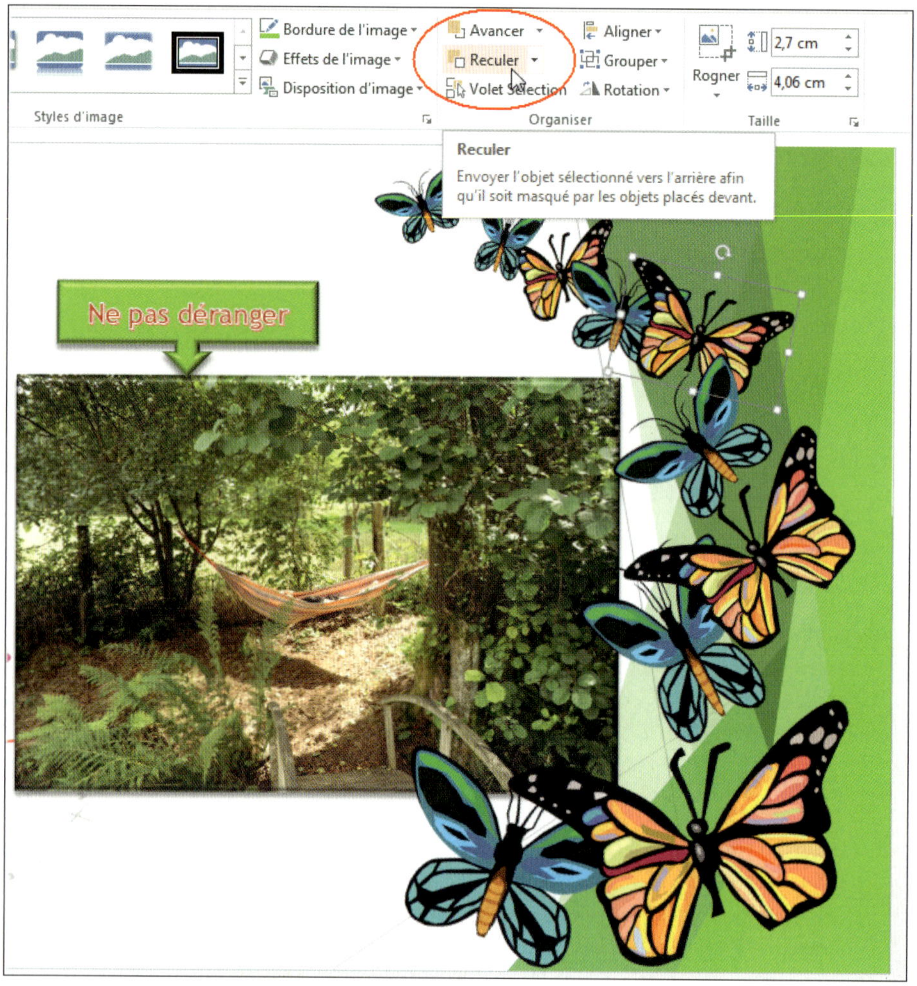

TP 10 Insertion et mise en forme d'une zone de texte

Si vous n'insérez pas votre texte dans les espaces réservés des diapositives, vous avez deux autres possibilités pour le faire : dans une zone de texte et dans un WordArt. Les zones de texte présentent le même intérêt dans PowerPoint que dans Word : elles permettent de positionner le texte où bon vous semble et/ou de le mettre en valeur. Le WordArt qui permettait dans les versions antérieures à 2007 de présenter du texte de façon très originale a perdu de son intérêt puisque les effets de texte offrent maintenant les mêmes possibilités. Il présente cependant les mêmes avantages que la zone de texte, sans la bordure de cette dernière.

Prérequis : néant.
Fichier employé : TP10.pptx ou votre propre présentation
Temps de réalisation : 10 minutes

1 Ouvrez le fichier TP10.pptx et cliquez sur la diapositive 2. Cliquez sur *Insertion* puis sur *Zone de texte*. Le pointeur se transforme en croix : cliquez-glissez pour tracer la zone de texte, puis saisissez le texte proprement dit.

2 Si vous cliquez dans le fond de la diapositive pour désélectionner la zone de texte, vous constatez que son encadrement « disparaît ». Il ne reste plus que le texte. L'avantage c'est qu'en faisant glisser la zone de texte, vous pouvez le positionner où vous voulez, y compris au-dessus d'une image comme dans l'exemple ci-dessous. Dans ce cas, adaptez la couleur du texte pour qu'il reste visible. Lorsque le fond est un peu sombre, sélectionnez les caractères concernés et choisissez le blanc comme couleur de police (dans la mini-barre d'outils ou l'onglet *Accueil*).

3 Si vous désirez au contraire mettre le texte en valeur, vous disposez de tous les outils de l'onglet *Format* ; ce sont les mêmes que pour les formes étudiées dans le TP précédent. Comme toujours, cliquez sur la zone de texte pour la sélectionner puis sur l'onglet *Format*. Dans la catégorie *Styles de formes*, choisissez un modèle de mise en forme pour votre zone de texte. N'oubliez pas d'ouvrir la galerie en cliquant sur le bouton *Autres*.

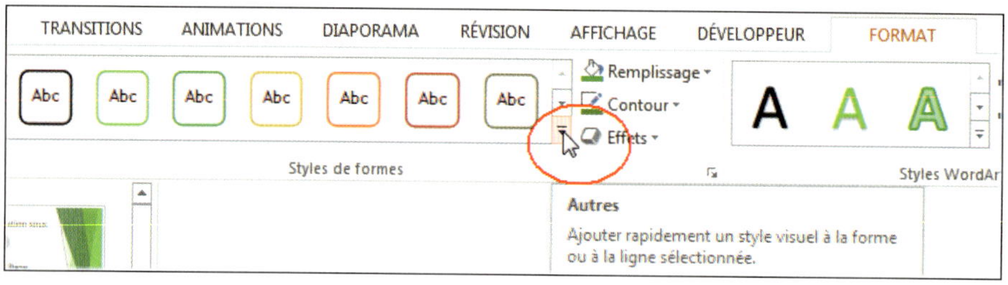

4 Une fois que vous avez choisi le style, donnez du relief à votre zone de texte en cliquant sur le bouton *Effets*. La première option, intitulée *Prédéfini*, propose une galerie de combinaisons d'effets à partir desquelles vous transformez l'aspect de la zone de texte en un clic. Sinon, créez votre propre combinaison.

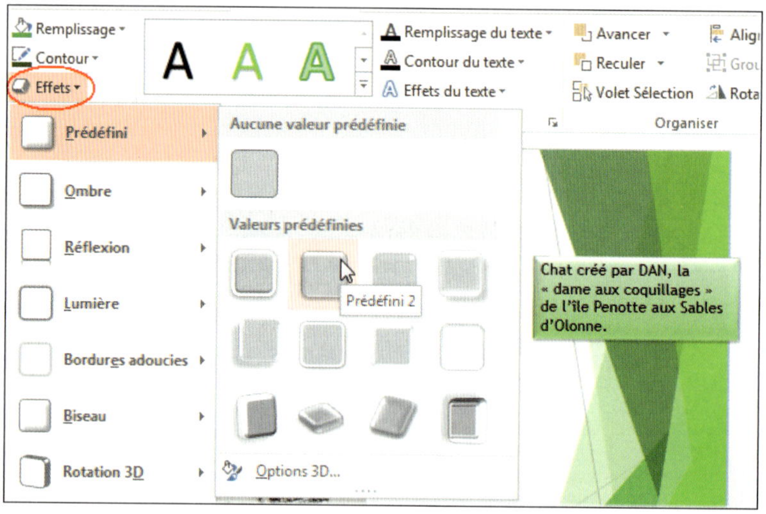

5 Pour terminer, sélectionnez le texte et appliquez-lui un style choisi dans la galerie des styles WordArt ou créez votre propre style à l'aide des trois menus *Remplissage*, *Contour* et *Effets du texte*.

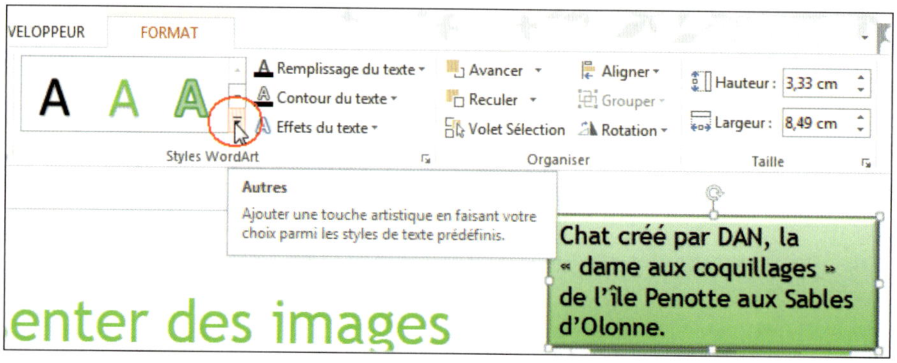

TP 11 Mettre en forme du texte avec WordArt

Depuis toujours, WordArt fournit des styles de texte assez fabuleux qui peuvent renforcer l'aspect graphique de votre présentation. Il ne faut pas en abuser mais ponctuellement, ils produisent un bel effet. Ce TP présente les deux méthodes pour obtenir du texte WordArt : en l'insérant directement sur la diapositive ou en transformant du texte existant en WordArt.

Prérequis : néant.
Fichier employé : TP11.pptx
Temps de réalisation : 15 minutes

1 Ouvrez le fichier TP11.pptx puis cliquez sur la diapositive 7. Nous allons commenter cette image avec un style de texte assez classique mais auquel nous allons appliquer une transformation. Cliquez sur l'onglet *Insertion*, sur le bouton *WordArt* puis sur un style relativement simple. Les styles proposés varient d'une version de PowerPoint à l'autre mais les options associées sont les mêmes.

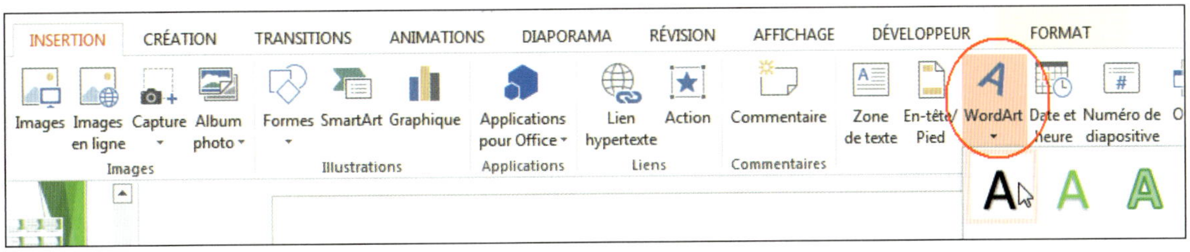

2 Saisissez le texte, positionnez-le dans le bas de l'image et redimensionnez-le à votre convenance. Cliquez ensuite sur le menu *Effets du texte*, *Transformer* et choisissez le style *Arc Down*. Le texte prend un léger aspect arqué que vous accentuez en tirant la poignée du bord supérieur vers le haut.

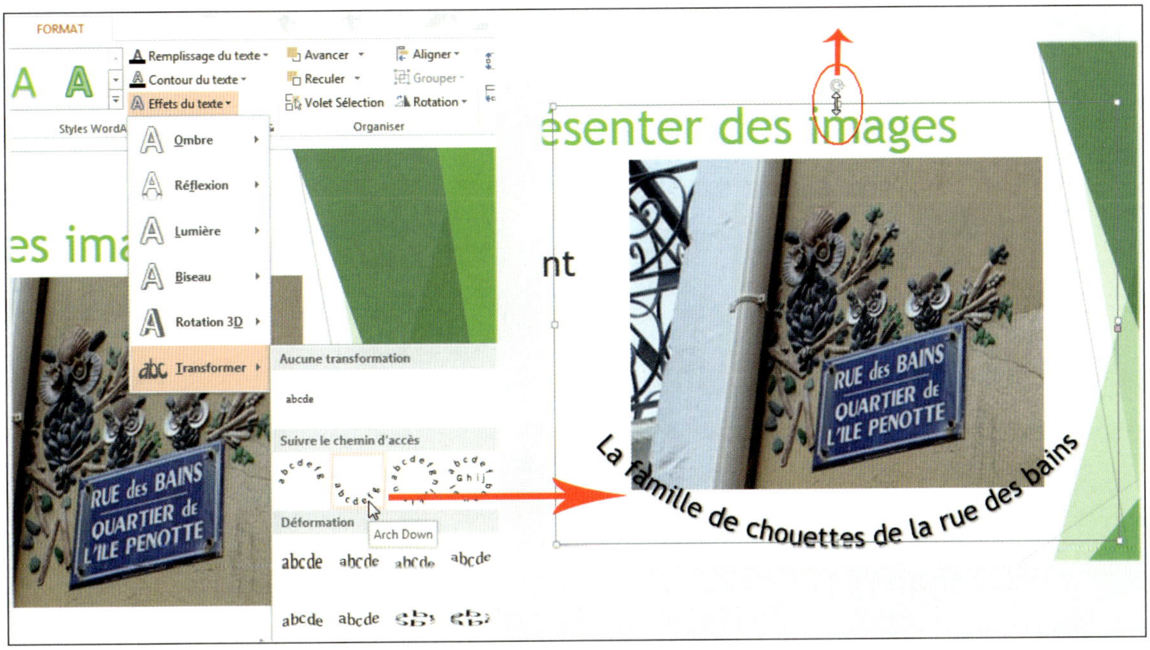

3 La poignée rose à droite du texte WordArt joue un rôle particulier, elle représente la fin de l'arc du texte. Si le texte atteint cette limite, PowerPoint va réduire la taille des caractères pour qu'ils puissent tous être affichés sur ce segment courbe particulier (en version 2007, la taille ne change pas et la fin du texte est masquée). Si vous êtes dans cette situation, vous avez la possibilité de rallonger l'arc de cercle en faisant glisser cette poignée vers le haut.

4 Nous allons maintenant transformer du texte déjà saisi et appliquer un style WordArt beaucoup plus clinquant. Cliquez sur le bouton *Nouvelle diapositive* et saisissez un titre. Sélectionnez le texte saisi puis cliquez sur un style *WordArt* sur l'onglet *Format*. Ces styles s'appliquant au niveau des caractères, vous pouvez changer de style d'un caractère à l'autre ou d'un mot à l'autre.

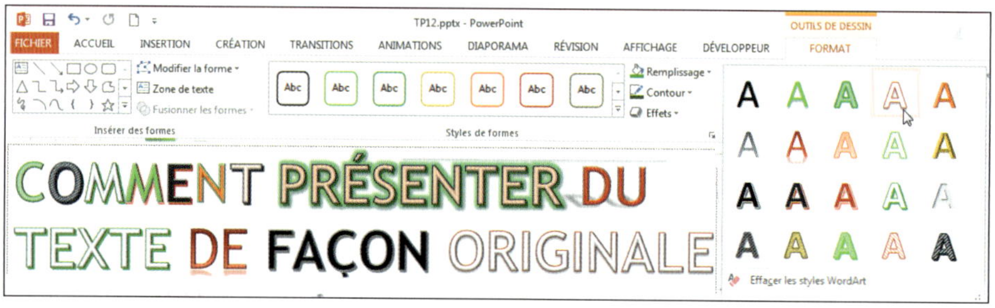

5 Pour terminer, ouvrez le menu *Effets* et testez différents effets de déformation sur l'ensemble du texte (vous ne pouvez pas appliquer un effet sur quelques caractères seulement). Les effets de perspective, en particulier, sont assez impressionnants.

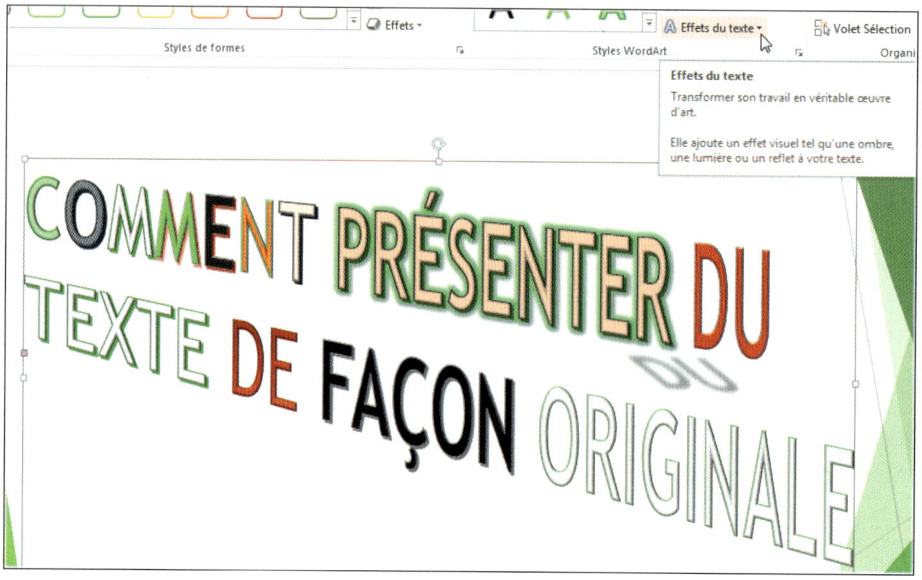

TP 12 Insérer des boutons de navigation

Vous n'êtes pas obligé de dérouler votre présentation de la première à la dernière diapositive, surtout s'il s'agit d'une présentation affichée sur une borne destinée au public, par exemple. En affichant des boutons d'action ou de navigation, vous offrez la possibilité d'afficher une aide, un glossaire, de passer à une autre présentation ou partie de présentation, etc. Un bouton d'action peut être matérialisé par n'importe quoi : une image (vignette), du texte, un ClipArt ou un bouton créé dans PowerPoint. Outre les fonctions de navigation, les boutons d'action permettent aussi de lancer la lecture d'une vidéo ou d'un fichier audio ou d'afficher une page Web.

Prérequis : néant.
Fichier employé : TP12.pptx
Temps de réalisation : 10 minutes

1 Ouvrez le fichier TP12.pptx puis cliquez sur la diapositive 11. Nous allons insérer sur cette diapositive plusieurs boutons afin d'illustrer les possibilités d'action. Sous l'onglet *Insertion*, dans le groupe *Illustrations*, cliquez sur la flèche située sous *Formes*, puis sur le modèle de bouton approprié dans la rubrique *Boutons d'action* (tout en bas). Nous allons commencer par insérer un bouton *Accueil*.

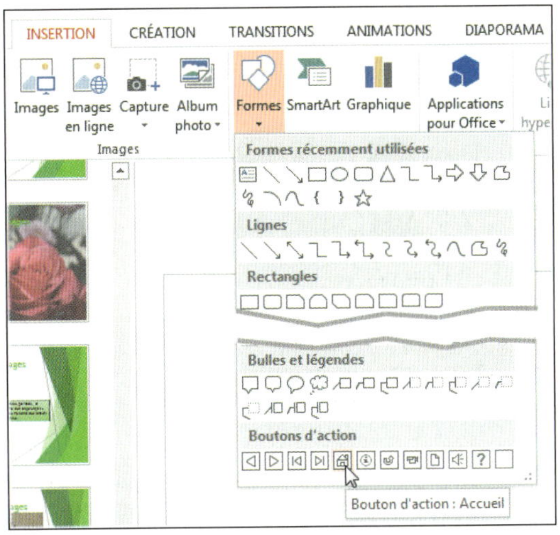

2 Cliquez dans la diapositive à l'emplacement voulu, puis faites glisser la souris pour tracer la forme correspondant au bouton. Notez qu'une fois encore, le bouton est automatiquement assorti au thème de la présentation. La boîte de dialogue *Paramètres* des actions propose les différentes opérations qu'il est possible d'associer au bouton. Comme nous avons choisi un bouton *Accueil*, l'opération sélectionnée par défaut est l'affichage de la première diapositive. Cliquez sur *OK*.

3 Pour tester le bouton, cliquez sur l'icône *Diaporama* dans le coin inférieur droit de la fenêtre PowerPoint puis sur le bouton d'action (le pointeur se transforme en main, caractéristique de la présence d'un lien). Notez bien que ce type de bouton est principalement destiné aux présentations affichées sur des bornes et mises à la disposition du public. Dans le cadre d'une présentation animée par une personne, celle-ci dispose du mode présentateur pour maîtriser à tout moment l'affichage des diapositives dans n'importe quel ordre (voir TP consacré à ce mode).

4 Un clic-droit sur le bouton affiche une mini-barre d'outils à partir de laquelle vous pouvez rapidement changer l'aspect de ce dernier. L'option *Styles*, en particulier, ouvre une galerie de styles de couleurs identique à celle proposée sur l'onglet *Format* associé au bouton (souvenez-vous, les rubans associés ne s'ouvrent que lorsque l'élément est sélectionné). Si vous avez besoin de changer le comportement du bouton d'action, cliquez-droit dessus et choisissez *Modifier le lien hypertexte*.

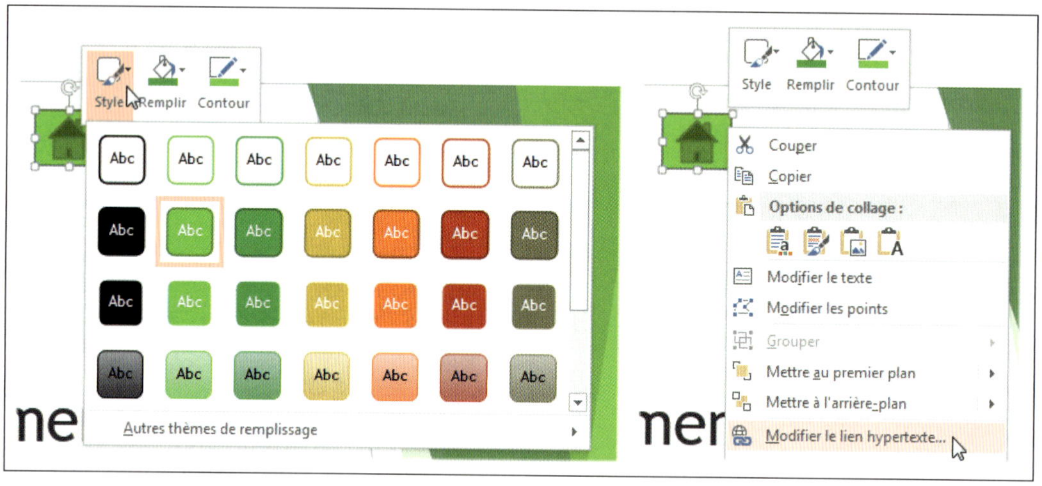

5 Pour redéfinir ce qui se passera lorsque vous cliquerez ou placerez le pointeur sur le bouton, choisissez une autre option dans la liste déroulante *Créer un lien hypertexte*, ou cliquez sur le bouton d'une autre action. Si vous désirez exécuter un programme par exemple, cliquez sur *Exécuter le programme*, sur *Parcourir*, puis recherchez le programme que vous souhaitez exécuter. Vous pourriez par exemple avoir besoin de lancer le navigateur Web en cours de présentation ou un programme métier que vous auriez besoin de présenter.

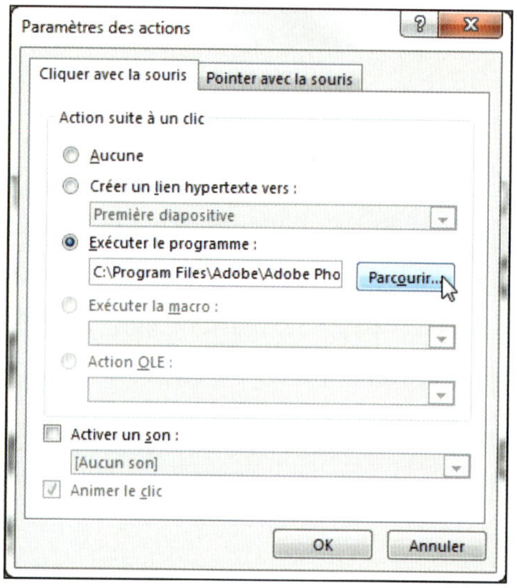

6 Le bouton d'action que nous venons d'ajouter n'est disponible que sur la diapositive 11. Si vous voulez qu'il apparaisse partout, il faut le placer sur le masque de diapositive. Commencez par le couper : clic-droit puis *Couper* ou *Ctrl+X*. Le bouton disparaît de la diapositive et est enregistré dans le presse-papier. Sur l'onglet *Affichage*, cliquez sur *Masque des diapositives* puis sélectionnez dans la colonne de gauche le masque associé à toutes les diapositives (vérifiez son rayon d'action dans l'info-bulle qui s'affiche au survol du pointeur de la souris). Collez le bouton (Clic-droit puis *Coller* ou *Ctrl+V*).

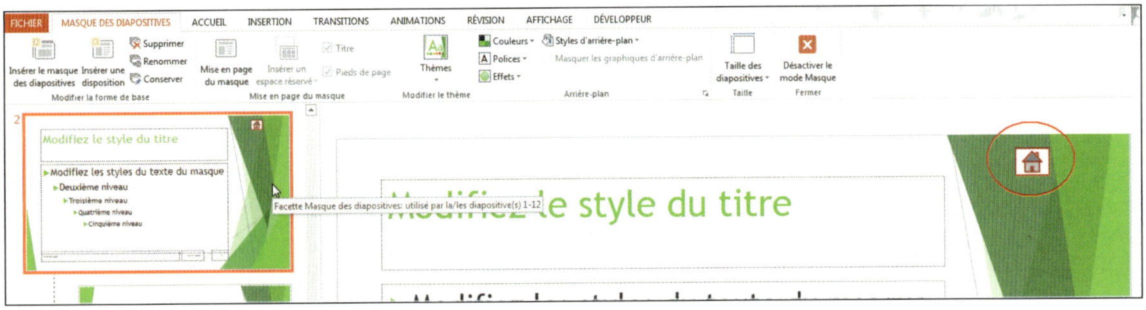

7 Sur l'onglet *Affichage*, cliquez sur *Normal* pour réafficher vos diapositives. Vous constatez que le bouton est bien inséré partout, sauf sur la diapositive 9 car sur cette dernière les graphiques d'arrière-plan (du masque) ont été masqués. Comme le bouton fait maintenant partie de ces graphiques, il n'est pas visible. La solution la plus simple pour remédier à ce problème est de coller une fois encore votre bouton sur cette page.

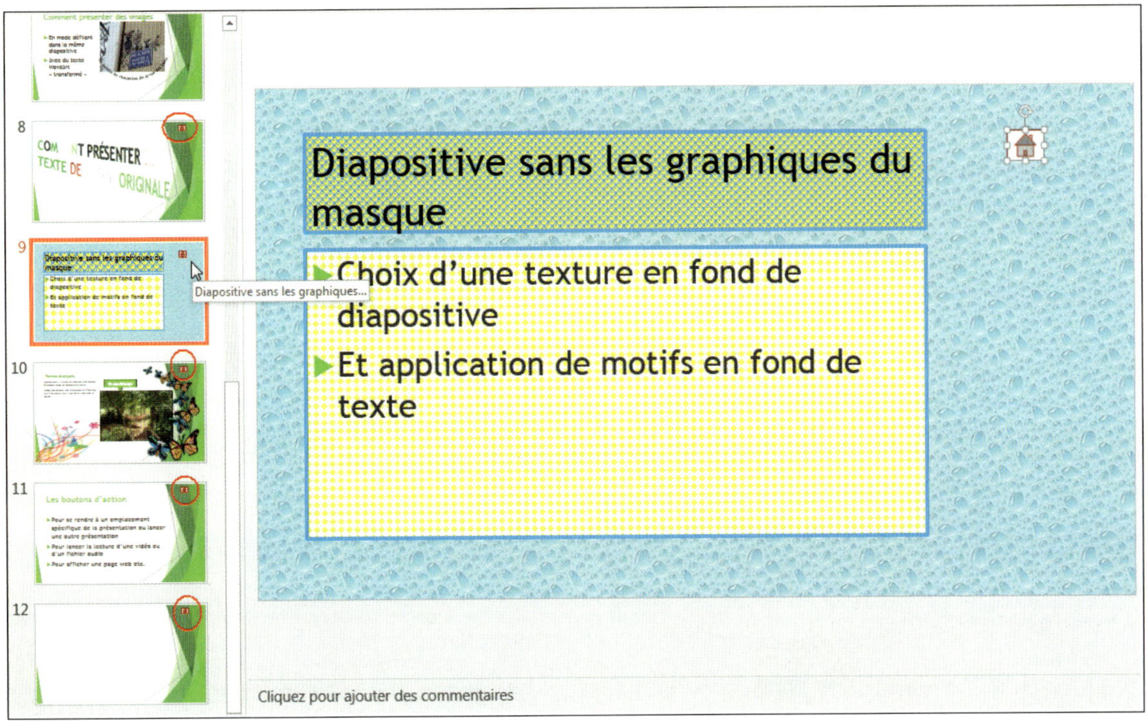

TP 13

Insérer un lien vers un site Web

Comme évoqué au TP précédent, les boutons ne servent pas uniquement à la navigation, ils peuvent aussi lancer une application ou afficher un document ou une page Web. Dans ce TP, nous allons transformer une image en bouton d'action et lui faire afficher une vidéo proposée sur le site YouTube. Bien entendu, il faudra que l'ordinateur soit connecté à Internet au moment de la présentation pour que ce lien fonctionne.

Prérequis : TP12.
Fichier employé : TP13.pptx
Temps de réalisation : 20 minutes

1 Ouvrez le fichier TP13.pptx et cliquez sur la diapositive 2. Celle-ci étant entièrement vide, vous allez d'abord choisir votre disposition. Sur l'onglet *Accueil*, cliquez sur *Disposition* et choisissez *Titre et contenu*.

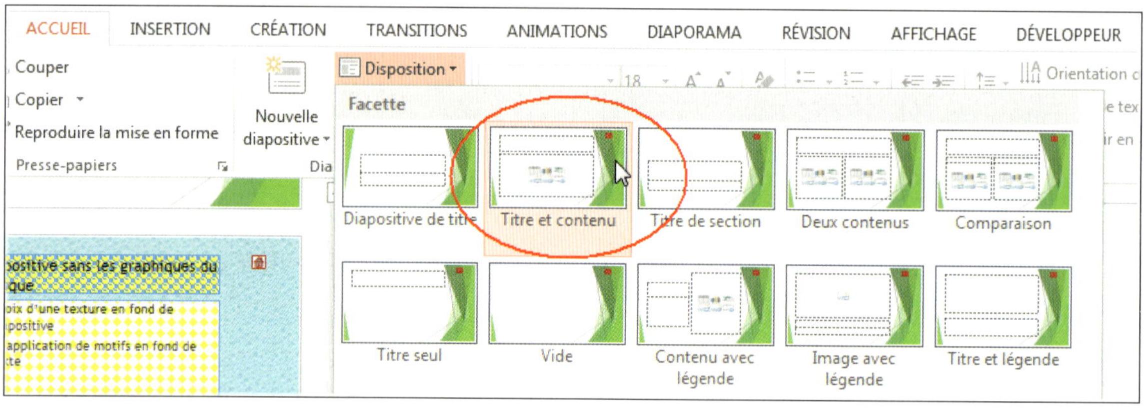

2 Saisissez le titre de votre vidéo dans la zone réservée au titre, supprimez la seconde zone réservée en cliquant sur sa bordure puis en appuyant sur la touche *Suppr*, puis ouvrez le presse-papier Office (voir TP 7). Affichez la page de votre vidéo YouTube (ou toute autre page Web à afficher dans la présentation) dans le navigateur Internet. Cliquez sur le bouton *Imp écr* de votre clavier pour prendre une capture d'écran de cette page. Cette capture apparaît dans le presse-papier.

3 Cliquez sur la miniature dans le presse-papier pour coller la capture dans la diapositive. Celle-ci étant toujours sélectionnée, cliquez-droit dessus et choisissez *Rogner* (ou cliquez sur le bouton *Rogner* de l'onglet *Format*). Vous devez faire glisser les poignées de rognage de sorte d'éliminer de la capture tous les éléments indésirables. Terminez en appuyant sur *Entrée*.

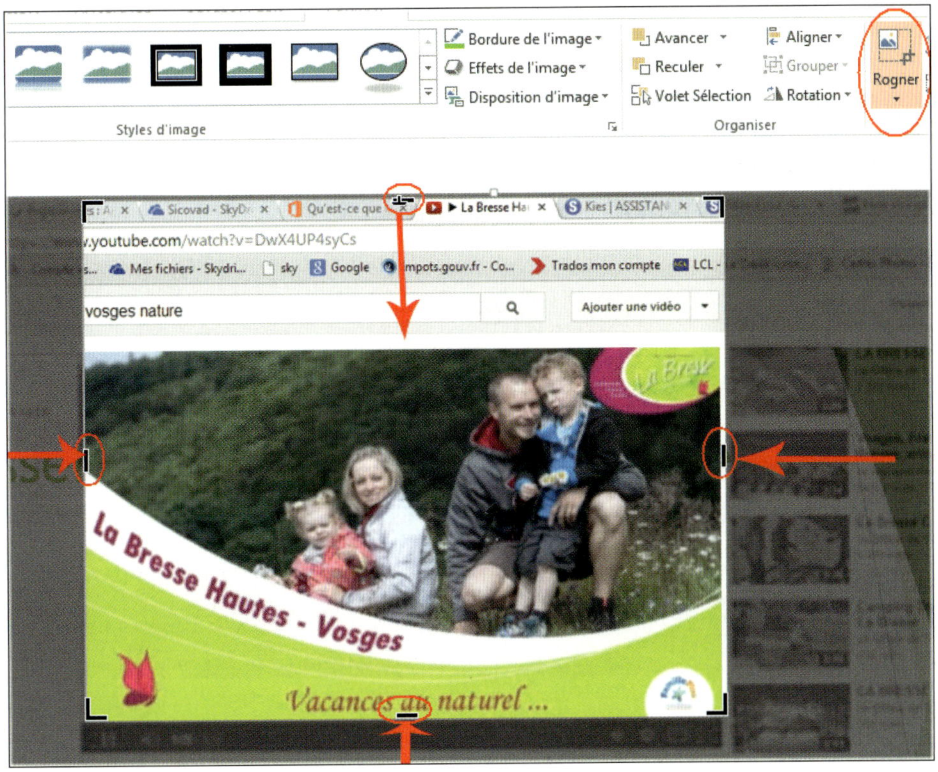

4 Redimensionnez l'image en faisant glisser les poignées de redimensionnement et positionnez-la correctement. Dans le navigateur Web, sélectionnez l'adresse de la page et copiez-la *(Ctrl+C)*.

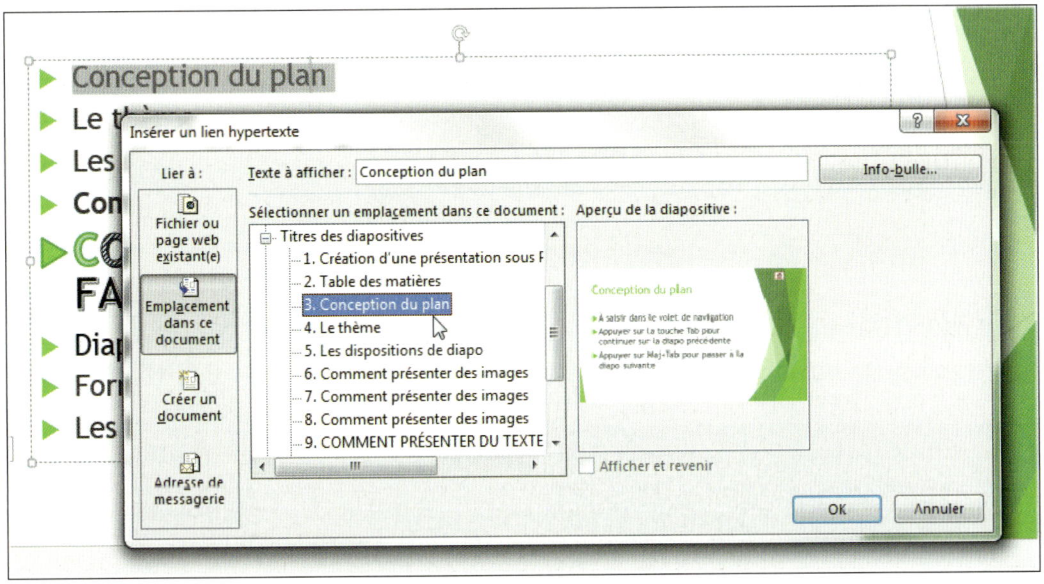

5 Cliquez-droit sur l'image et choisissez *Lien hypertexte*. Un lien hypertexte correspond à l'adresse d'une page sur Internet, à un emplacement dans le même document (en l'occurrence une autre diapositive dans la présentation) ou à un autre document. Dans la fenêtre *Insérer un lien hypertexte*, collez l'adresse de votre page à l'aide du raccourci clavier *Ctrl+V* puis cliquez sur OK. Notez à gauche les différentes options pour créer d'autres types de lien.

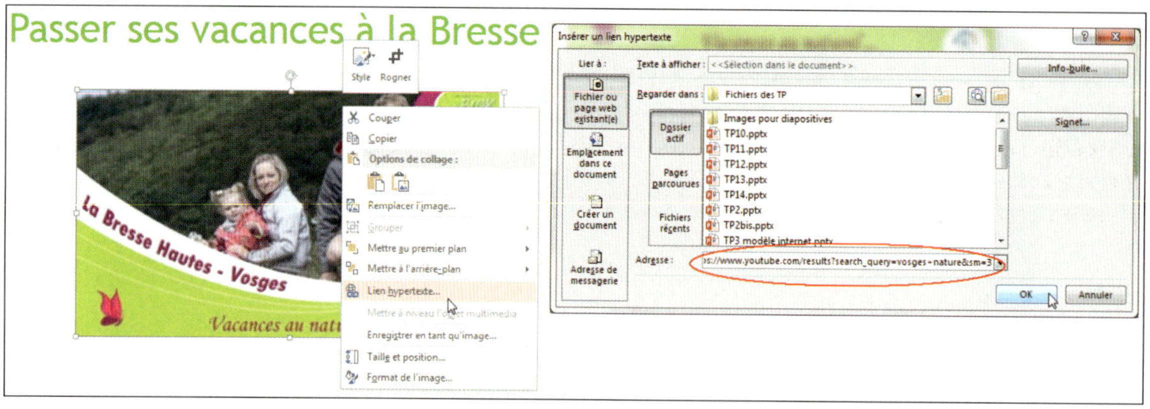

6 Pour vérifier la validité du lien, lancez le diaporama en cliquant sur l'icône *Diaporama* dans le coin inférieur droit de la fenêtre et positionnez le pointeur au-dessus de l'image : il doit se transformer en main. Cliquez et vérifiez que votre page apparaît bien dans le navigateur Web. Appuyez sur *Échap* pour interrompre le diaporama.

TP 14 Créer une diapositive Sommaire

Pour introduire ou conclure un diaporama, vous pouvez créer une diapositive contenant les titres de tout ou partie des diapositives de votre présentation. Cette création s'effectuait automatiquement dans les versions de PowerPoint antérieures à 2007 et n'existe plus dans les dernières versions mais elle n'est pas difficile à réaliser, juste un peu plus longue. En créant un bouton de navigation qui mène à cette table des matières sur chaque diapositive et en transformant chaque titre de cette dernière en lien vers la diapositive associée, vous créez un système de navigation personnalisé.

Prérequis : aucun
Fichier employé : TP14.pptx ou votre propre présentation
Temps de réalisation : 15 minutes

1 Ouvrez le fichier TP14.pptx et affichez le volet *Plan* à gauche (cliquez sur le bouton *Mode Plan* de l'onglet *Affichage* dans PowerPoint 2013). Cliquez derrière le titre de la première diapositive et appuyez sur *Entrée* pour en insérer une nouvelle. Saisissez *Table des matières* puis appuyez sur les touches *Entrée* puis *Tabulation* pour créer une zone réservée de sous-titres.

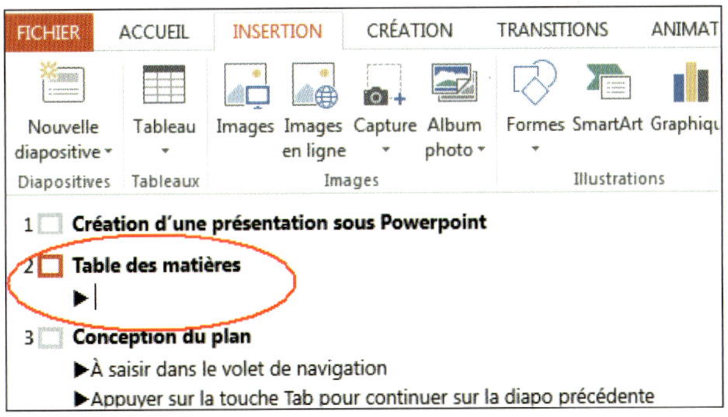

2 Dans le volet *Plan*, en maintenant la touche *Ctrl* enfoncée, cliquez sur chaque diapositive dont le titre doit apparaître dans la table des matières. Dans notre fichier TP14, par exemple, il n'est pas nécessaire de sélectionner les diapositives 7 et 8 puisqu'elles complètent le sujet de la diapositive 6. Copiez ces diapositives (*Ctrl+C*), cliquez dans la zone réservée de la table des matières puis collez le texte (*Ctrl+V*).

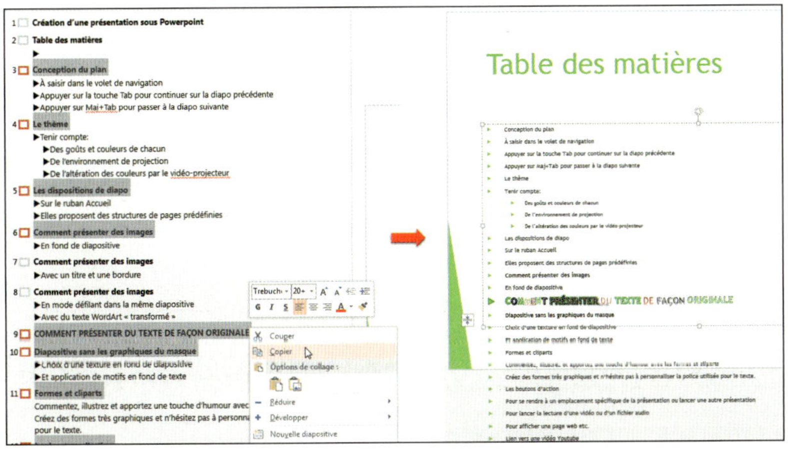

3 Effacez toutes les lignes de sous-titres pour ne conserver que les titres de diapositives. Notez que PowerPoint adapte automatiquement la taille des caractères pour tenter de tout insérer dans la zone réservée. À mesure que vous allez supprimer des lignes, il va augmenter la taille du texte.

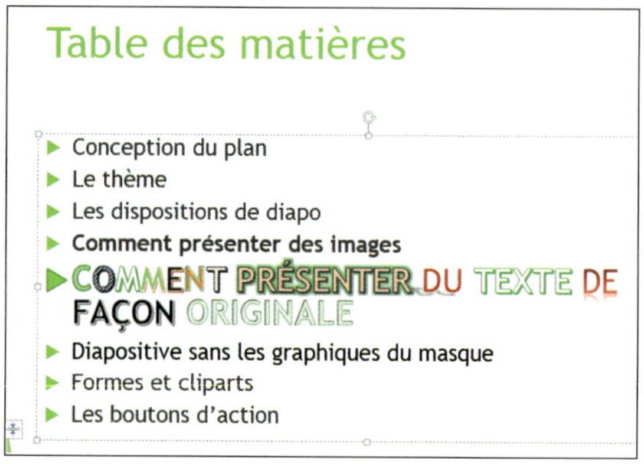

4 Nous allons maintenant transformer chaque ligne en lien vers la diapositive concernée. Cliquez-droit sur le premier titre et choisissez *Lien hypertexte*. Dans la fenêtre *Insérer un lien hypertexte*, cliquez sur *Emplacement dans ce document* à gauche puis sur la diapositive appropriée dans la liste *Titres des diapositives*. Cliquez sur *OK* pour valider.

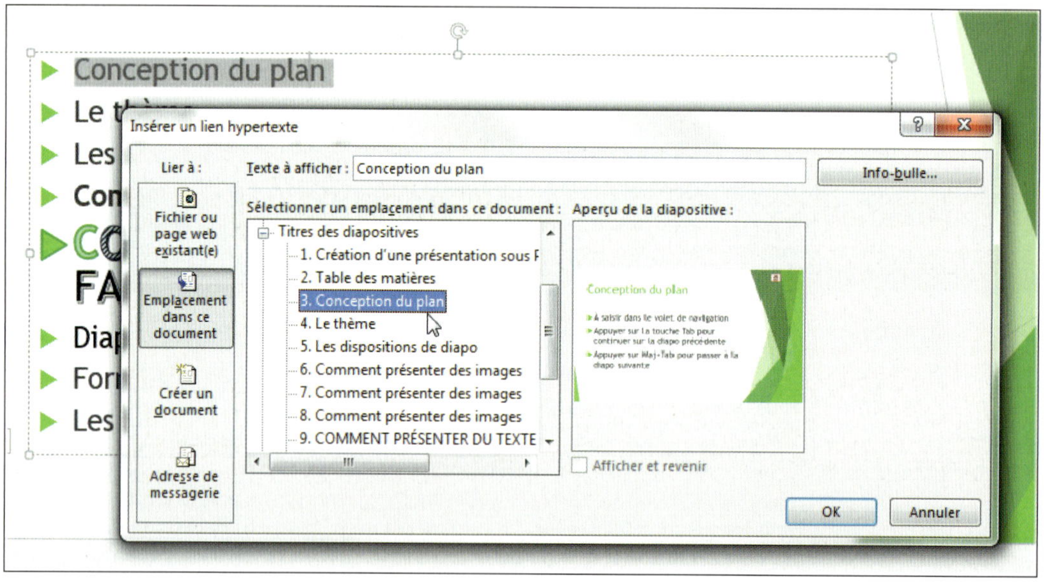

5 Pour vérifier la validité du lien, lancez le diaporama en cliquant sur l'icône *Diaporama* dans le coin inférieur droit de la fenêtre et positionnez le pointeur sur le premier titre : il doit se transformer en main. Cliquez pour afficher la diapositive. Appuyez sur *Échap* pour interrompre le diaporama et renouvelez l'opération pour tous les titres de diapositive.

Les images

Les TP de cette troisième partie sont consacrés aux images et vous allez découvrir toutes les façons de les présenter dans vos diapositives : pour accompagner un texte, en logo, en diaporama d'images, en arrière-plan de diapositive, etc. Ces TP présentent également quelques outils de retouche ainsi que toutes les options de mises en forme des images.

TP 15 Insérer un logo sur toutes les diapositives

Pour insérer un logo ou toute autre image ou graphique sur toutes les diapositives ou sur un sous-ensemble de diapositives d'une présentation, il suffit de travailler sur un des masques de diapositive. Nous avons déjà utilisé ces masques au TP4, justement pour modifier la police ou les styles de texte sur toutes les diapositives en même temps. Vous allez découvrir dans ce TP qu'il en est de même pour tous les graphiques présents sur le masque : ils apparaissent partout sauf sur les diapositives pour lesquelles vous avez masqué les graphiques du masque.

Prérequis : aucun
Fichier employé : TP15.pptx, microsoft-powerpoint-logo.png ou votre logo
Temps de réalisation : 10 minutes

1 Ouvrez le fichier TP15.pptx puis cliquez sur *Masque des diapositives* sur l'onglet *Affichage*. Nous allons insérer par l'intermédiaire d'un masque un logo sur l'ensemble des diapositives, puis nous allons voir comment annuler cette option dans une diapositive particulière.

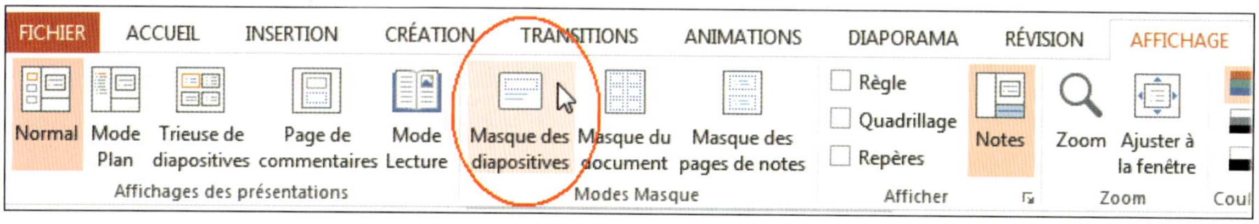

2 Positionnez le pointeur de la souris sur le premier masque dans le volet gauche et vérifiez dans l'infobulle que ce masque concerne bien l'ensemble des diapositives (1 à 15). En effet, il existe un masque pour chaque mise en page de diapositive, ce qui permet de choisir des options de présentation différentes en fonction d'une disposition spécifique. Tout ce que vous allez définir dans ce masque « général » sera appliqué à l'ensemble des diapositives, sauf si le masque de la sous-catégorie à laquelle elle appartient comporte des informations contraires.

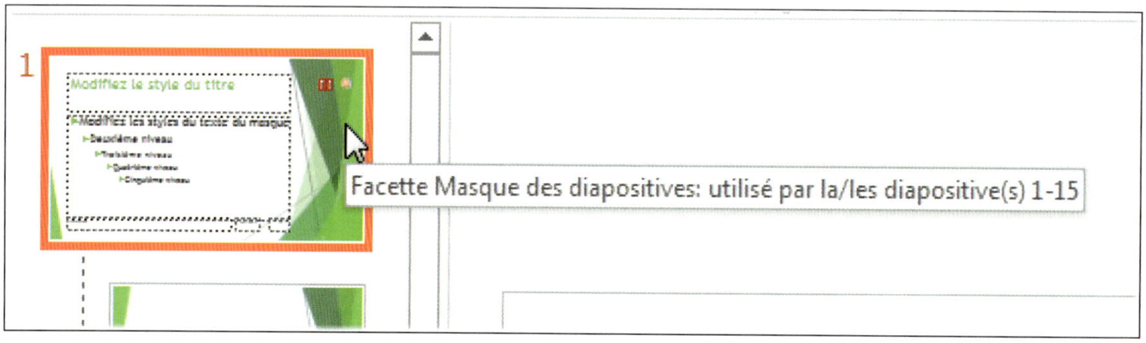

3 Dans l'onglet *Insertion*, cliquez sur le bouton *Images* puis naviguez jusqu'au fichier du logo à insérer. Vous pouvez utiliser l'exemple de logo fourni pour ce TP nommé microsoft-powerpoint-logo.png. Cliquez sur le fichier puis sur *Insérer* (ou double-cliquez dessus).

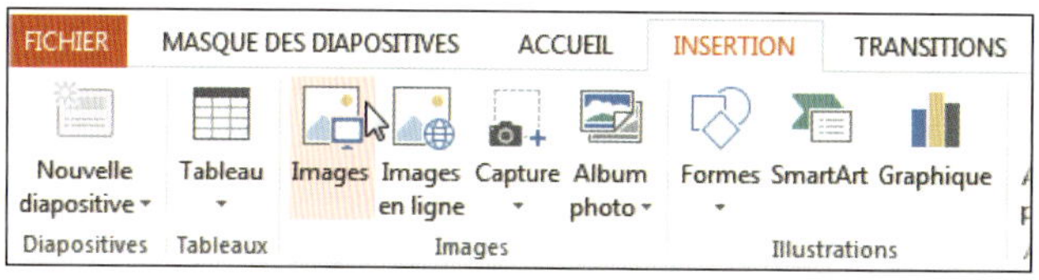

4 Le logo s'affiche au centre du masque dans sa taille originale. Positionnez le pointeur sur un coin et faite-le glisser (dès qu'il prend la forme d'une double flèche) en diagonale pour correctement dimensionner l'image. Positionnez ensuite le pointeur au centre de l'image et faites-la glisser au bon endroit dès qu'il prend la forme d'une flèche à 4 têtes.

5 Enregistrez la présentation PowerPoint puis ouvrez-la de nouveau et lancez le diaporama.

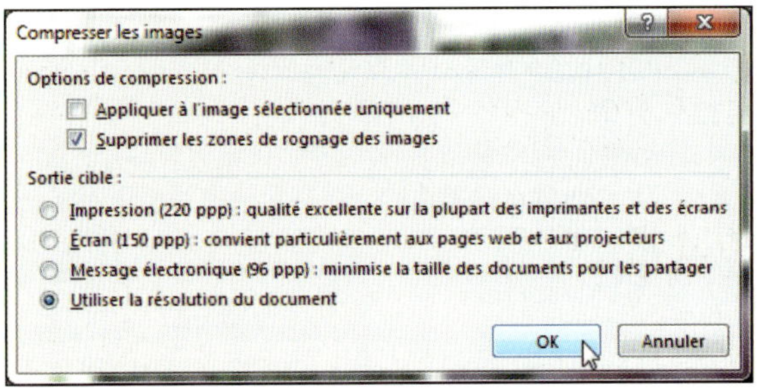

6 Pour revenir en mode d'affichage normal, cliquez sur l'onglet *Affichage* puis sur le bouton *Normal* (à gauche) ou cliquez sur l'onglet *Masque des diapositives* puis sur le bouton *Désactiver le mode Masque* (à droite). Vous constatez que le logo s'affiche sur toutes les diapositives, sauf sur la première qui a un statut spécial.

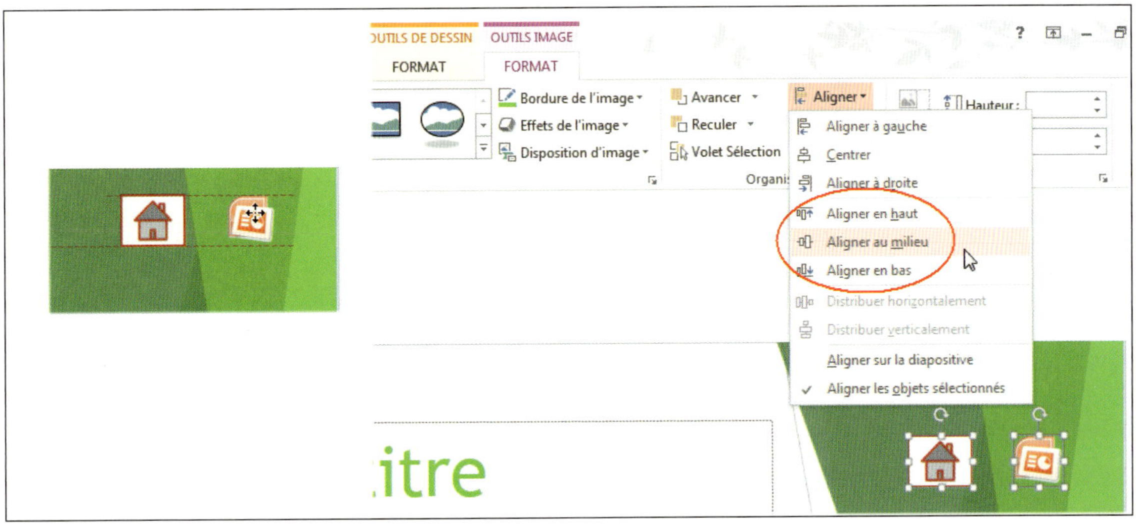

7 Pour supprimer le logo sur une diapositive particulière, il suffit de la masquer à l'aide d'une astuce. Cliquez sur la diapositive 12, par exemple, puis sur *Insertion*, *Rectangle*.

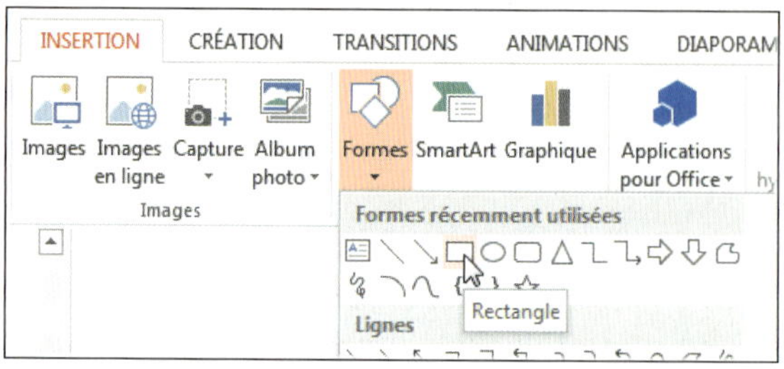

8 Faites glisser le pointeur au-dessus du logo pour dessiner un rectangle. Dès que vous relâchez la souris, celui-ci devient opaque et se remplit d'une couleur assortie au thème, mais pas forcément de la même couleur que le fond.

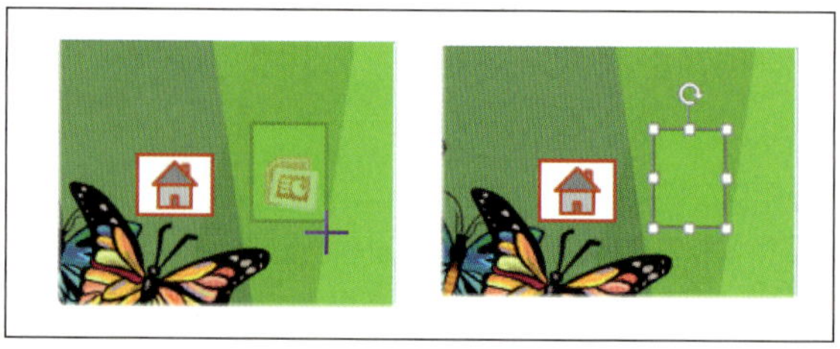

9 Sur l'onglet *Format* des outils de dessin (attention, il faut que la forme dessinée soit sélectionnée), ouvrez le menu *Remplissage* et cliquez sur la pipette. La pipette est un outil assez courant des logiciels de retouche avec laquelle vous sélectionnez une couleur affichée sur l'écran. Cliquez avec le pointeur transformé en pipette dans la zone de l'arrière-plan dans laquelle se situe le logo. La forme est toujours visible à cause de son contour.

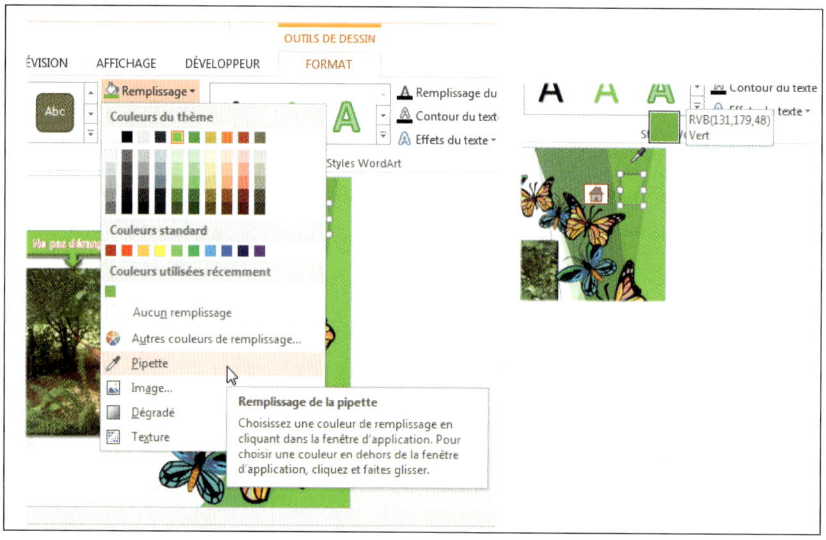

10 Pour supprimer le contour, cliquez sur le menu *Contour* puis sur l'option *Sans contour*. La forme devient parfaitement invisible et le logo a disparu, même s'il se trouve toujours sur le masque.

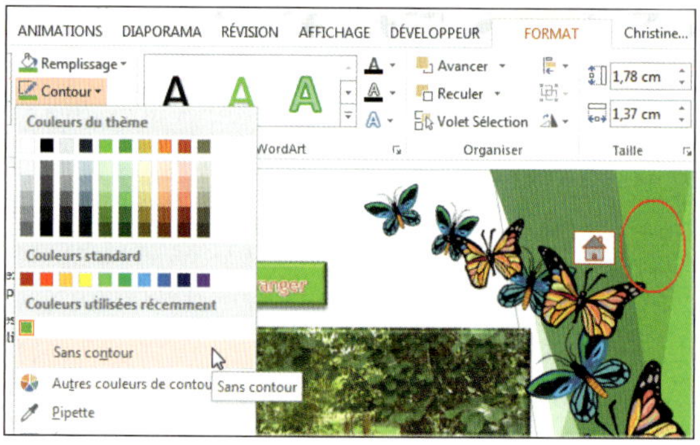

TP 16 Insérer des photos avec titre et bordure

Nous avons déjà inclus quelques photos dans les TP précédents mais nous nous étions contentés de modifier uniquement leur taille et leur position. Depuis la version 2007 d'Office vous bénéficiez de galeries de modèles de présentation qui sont de plus en plus impressionnantes. Les outils d'édition graphique de PowerPoint et des autres applications du pack Office intègrent à chaque changement de version de plus en plus d'outils traditionnellement réservés aux logiciels de retouche d'image. En maîtrisant ces outils, vous produirez des présentations à l'esthétique irréprochable.

Prérequis : aucun
Fichier employé : TP16.pptx, les images fournies en exemple ou les vôtres
Temps de réalisation : 10 minutes

1 Ouvrez le fichier TP16.pptx, cliquez sur la diapositive 9 puis sur le menu déroulant *Nouvelle diapositive* de l'onglet *Accueil*. Choisissez la disposition *Image avec légende*. Vous obtenez une diapositive mise en forme pour présenter une image et des zones réservées pour saisir un titre et éventuellement une légende.

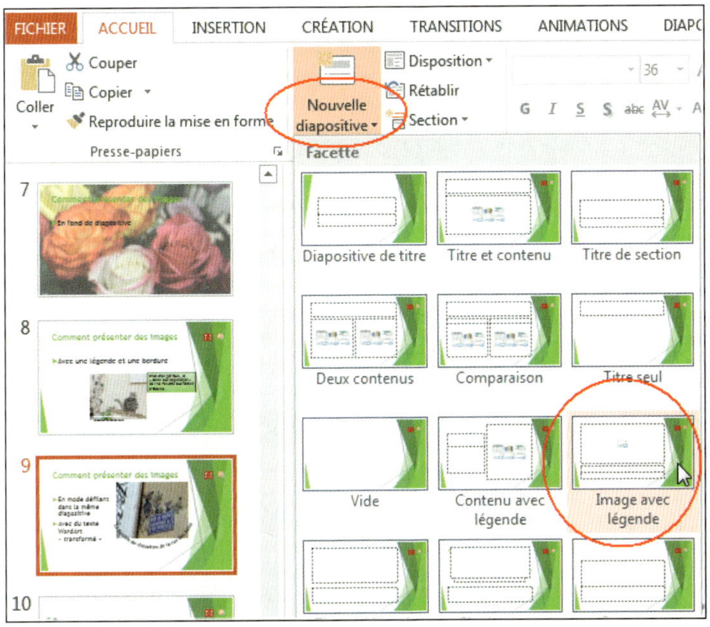

2 Comme le texte de la diapositive vous invite à le faire, cliquez sur l'icône au centre puis naviguez jusqu'au fichier de l'image à insérer. Double-cliquez sur le fichier « Timeo.jpg » ou sur votre propre fichier image.

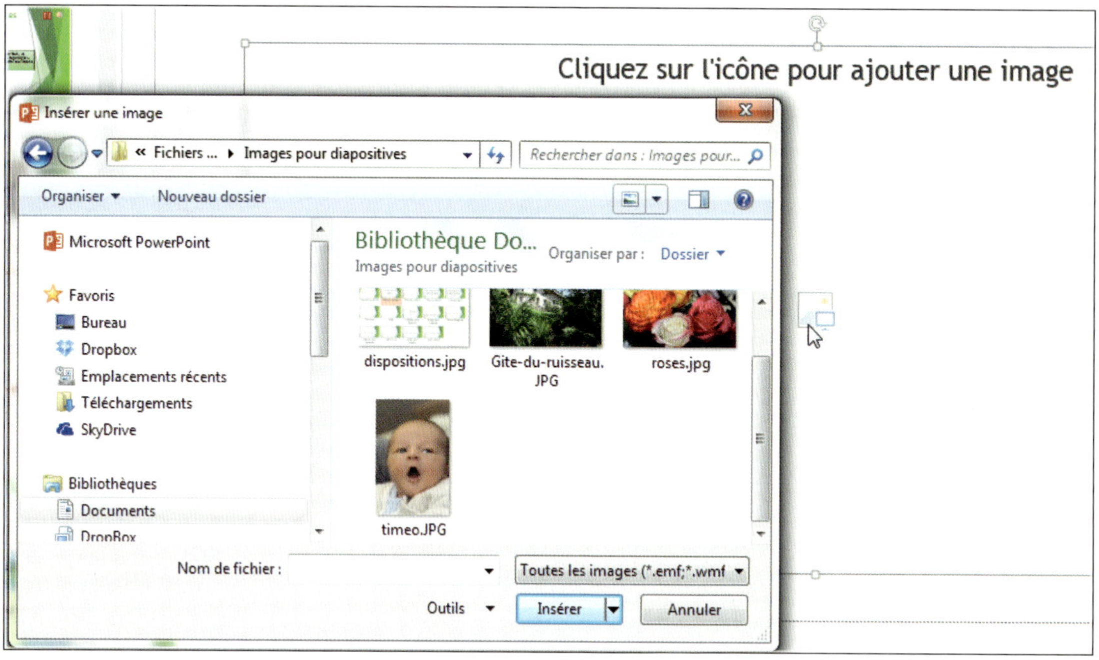

3 L'image se colle à l'intérieur de la zone réservée mais sa taille n'est pas forcément adaptée, et si vous déplacez les poignées de redimensionnement affichées, vous allez constater qu'elles règlent la taille de la forme dans laquelle l'image a été collée et non l'image elle-même.

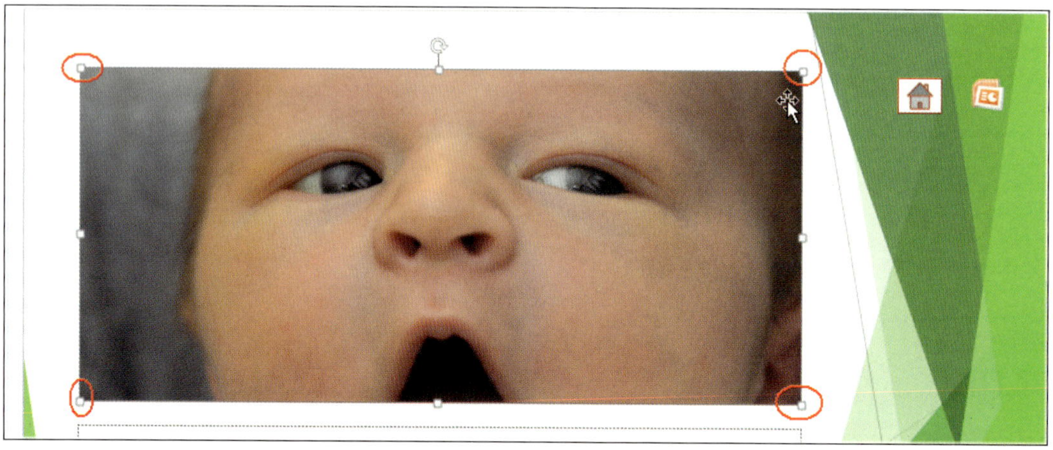

4 Pour changer les dimensions de l'image, affichez l'onglet *Format* des *Outils image* puis cliquez à gauche sur *Rétablir l'image*. Faites ensuite glisser les poignées de redimensionnement ou saisissez la largeur ou la hauteur désirée dans les champs *Taille* à l'extrémité droite du ruban.

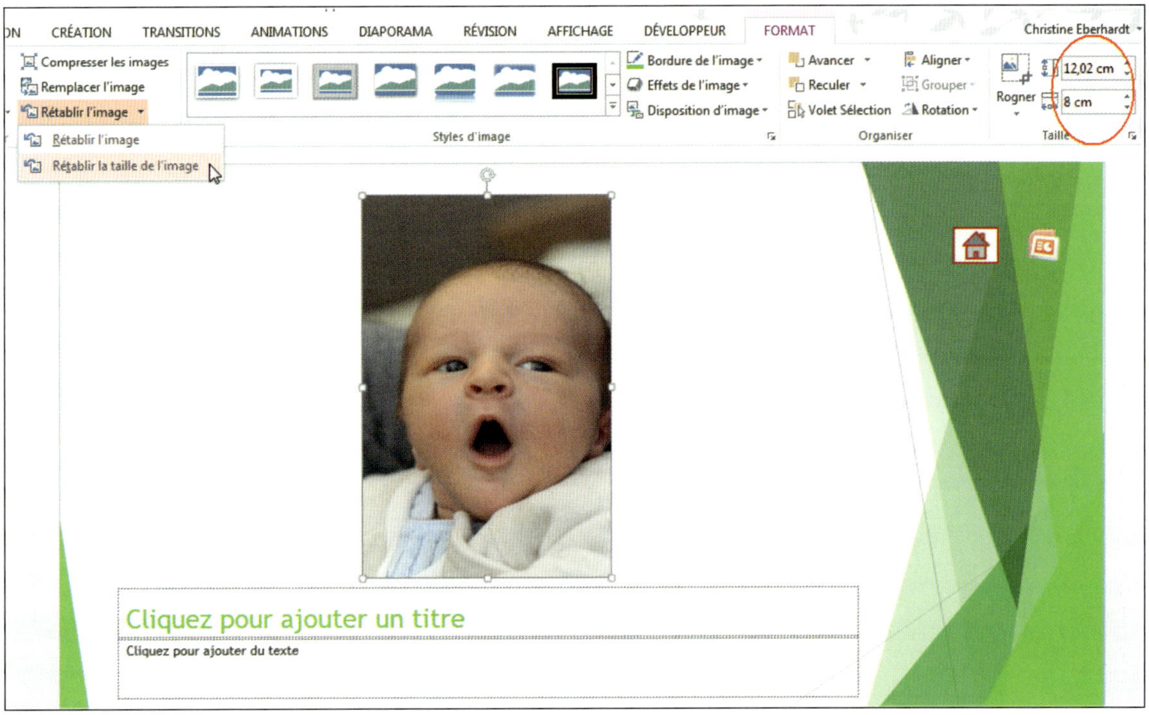

5 Il reste à « habiller » notre image. Cette dernière étant toujours sélectionnée, ouvrez la galerie des modèles en cliquant sur la flèche dans le coin inférieur droit de cette dernière puis cliquez sur le modèle qui se rapproche le plus de l'effet désiré. Notez qu'en décalant un peu l'image vous pouvez observer le résultat des différents modèles à mesure que la souris les survole.

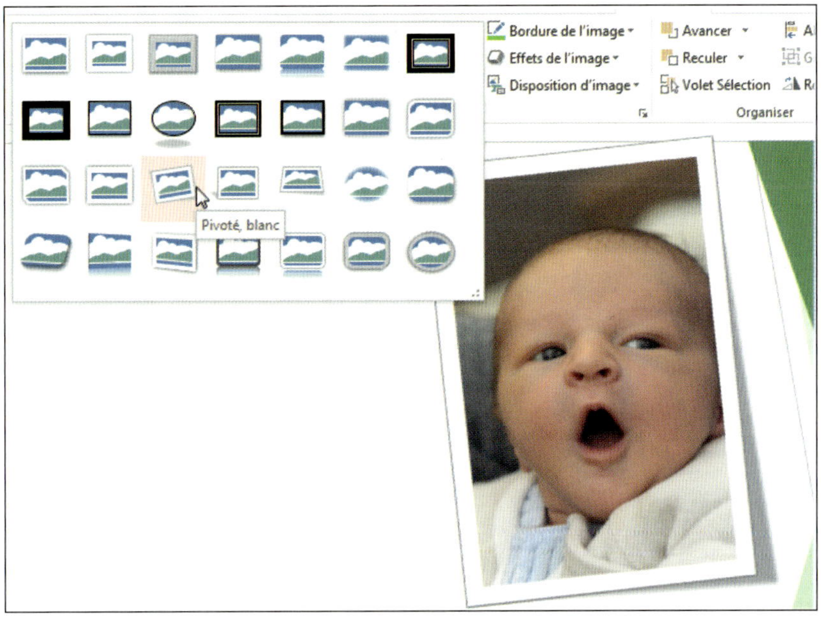

6 Peaufinez si nécessaire l'allure de l'encadrement à l'aide des menus *Bordure de l'image* et *Effets de l'image*. Notez, une fois encore, que les couleurs proposées sont assorties au thème choisi pour votre présentation. Terminez en saisissant le titre et la légende de l'image dans les zones réservées à cet effet.

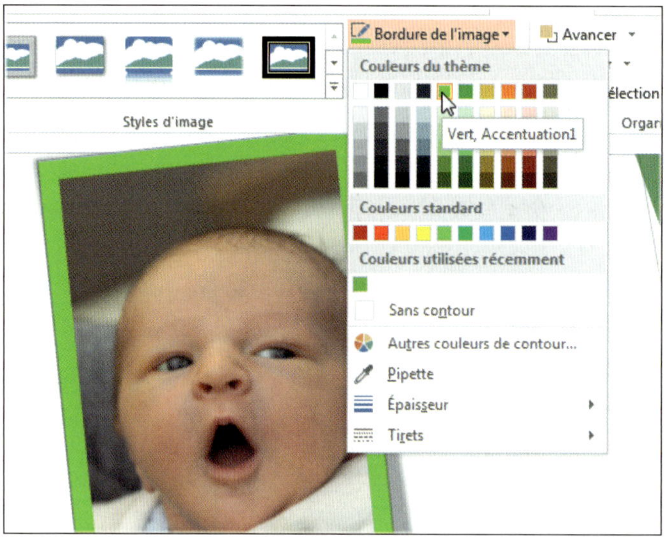

7 N'oubliez pas que vous disposez des formes pour ajouter d'autres commentaires comme expliqué au TP 8, et en particulier d'une catégorie de formes intitulée *Bulles et légendes*.

TP 17 Transformer un dossier de photos en diaporama

Créer un diaporama avec quelques photos et passer du temps à saisir les titres et légendes est assez agréable, mais cela devient vraiment ennuyeux voire fastidieux quand le nombre d'images est conséquent. Dans ce cas, il est préférable de demander à PowerPoint de construire automatiquement l'ensemble des diapositives en précisant combien de photos il doit positionner sur chacune d'elles. Si certaines photos méritent d'être affichées en grand format alors que d'autres seront plutôt présentées en groupe, vous devrez créer deux diaporamas différents puis regrouper les diapositives comme expliqué dans ce TP.

Prérequis : aucun
Fichier employé : TP17.pptx,
Temps de réalisation : 10 minutes

1 Ouvrez le fichier TP17.pptx puis cliquez sur le bouton *Album photo* de l'onglet *Insertion*. Choisissez *Nouvel Album photo*. Vous ne pouvez pas insérer directement une série de diapositives créées à partir de photos dans une présentation existante. Il faut créer un album puis recopier les diapositives dans la présentation en cours.

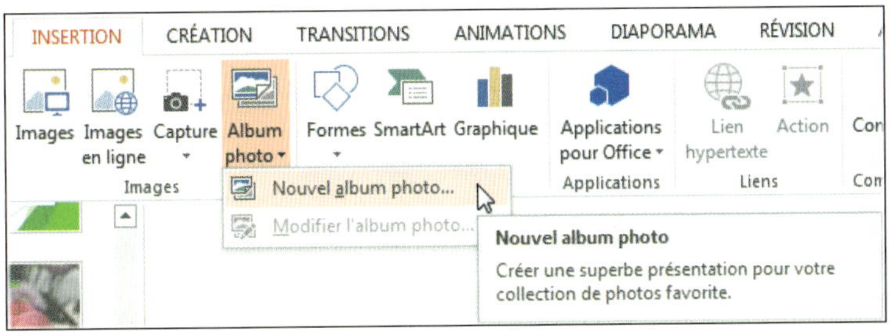

2 Dans la fenêtre *Album photo* cliquez sur le bouton *Fichier/disque* puis naviguez jusqu'au dossier contenant vos photos (si vous n'avez pas de photos pour cet exercice, utilisez celles fournies avec les fichiers d'exercice). Faites votre sélection en fonction de la situation : cliquez sur le raccourci clavier *Ctrl+A* pour sélectionner toutes les images du dossier, ou cliquez sur la première puis sur la dernière d'une série en maintenant le bouton *Maj* enfoncé, ou sélectionnez les photos individuelles en maintenant la touche *Ctrl* enfoncée. Ici nous avons choisi la seconde solution pour sélectionner toutes les images de fleurs dans les fichiers d'exercice. Cliquez sur *Insérer*.

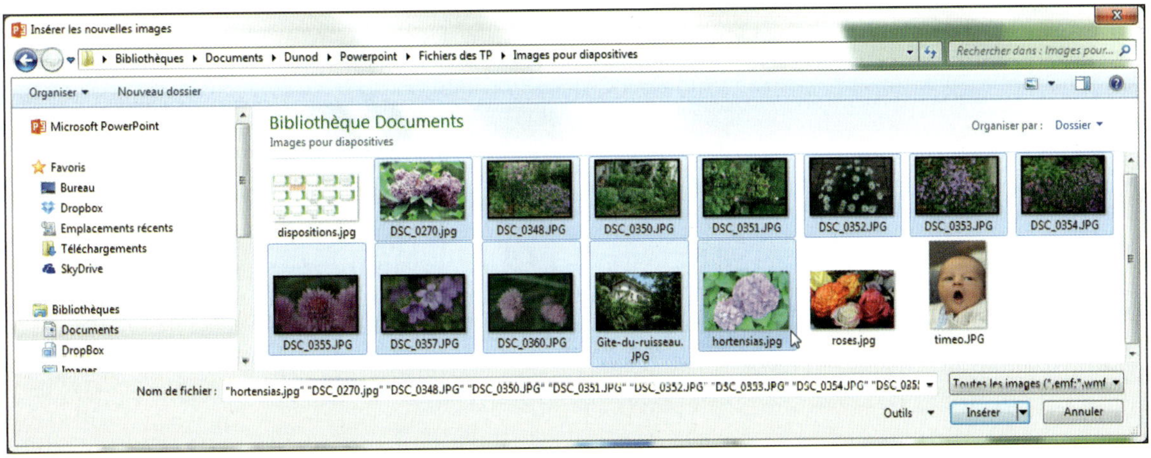

3 Vérifiez votre sélection dans la fenêtre *Album photo* en cliquant sur chaque élément de la liste *Images* dans l'album et en observant l'aperçu. Vous disposez des contrôles affichés sous la zone d'aperçu pour corriger l'orientation de la photo, le contraste et la luminosité. Pour supprimer une photo de la liste, cochez sa case puis cliquez sur le bouton *Supprimer*.

4 Par défaut, les photos sont ajustées à chaque diapositive mais vous avez d'autres options à votre disposition dans le menu déroulant *Disposition de l'image*. C'est là que vous précisez s'il doit y avoir un regroupement par deux ou quatre images par exemple, et si PowerPoint doit prévoir une zone réservée pour les titres et légendes. Le choix est aussi affiché dans la zone d'aperçu de la disposition à droite. Choisissez si besoin un thème en cliquant sur *Parcourir* puis cliquez sur *Créer*.

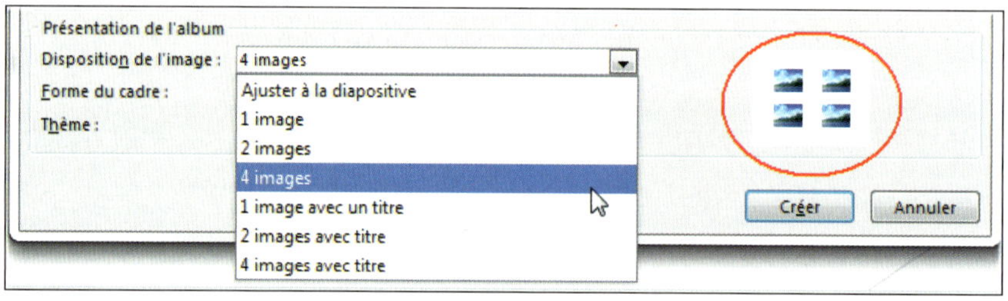

5 À ce stade, vous disposez d'un diaporama de photos fonctionnel. Cependant, si ces diapositives sont destinées à être insérées dans la présentation en cours, il faut maintenant les déplacer. Sur l'onglet *Affichage*, cliquez sur le bouton *Réorganiser tout*. PowerPoint empile les deux présentations de sorte qu'elles soient visibles à l'écran en même temps. Sélectionnez les diapositives de l'album photo puis faites-les glisser à l'emplacement approprié dans le volet des miniatures à gauche.

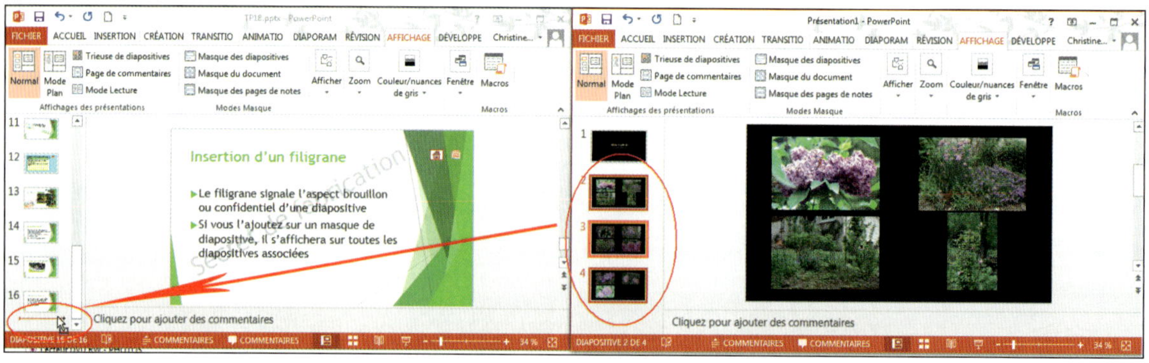

6 Notez que le fond de ces diapositives a changé, elles se sont automatiquement adaptées au thème de la présentation !

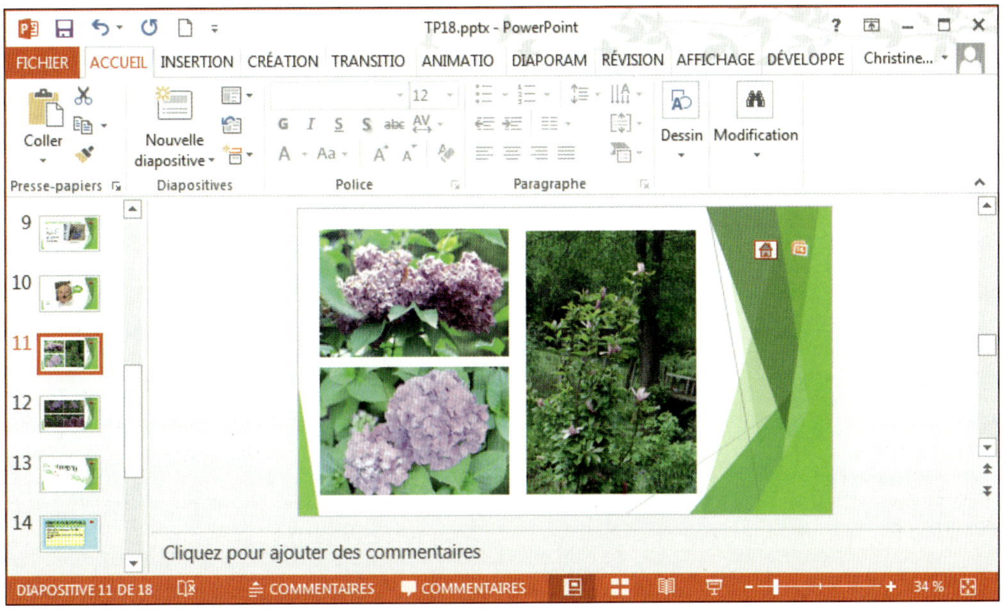

TP 18 Reproduire la mise en forme et compresser les images

Pour qu'une présentation soit efficace, il faut qu'elle soit irréprochable au niveau du contenu et des graphismes. Pour ce qui concerne ces derniers, il faut un peu d'originalité mais pas trop, et surtout, ils doivent rester cohérents et homogènes tout au long de la présentation. Si vous choisissez d'encadrer et d'appliquer des effets à une image, il serait judicieux d'appliquer la même mise en forme aux autres images.

Prérequis : aucun
Fichier employé : TP18.pptx
Temps de réalisation : 5 minutes

1 Ouvrez le fichier TP18.pptx et sélectionnez la diapositive 5 qui contient une image mise en forme. Nous allons reproduire cette mise en forme sur les images des diapositives 7 et 8. Cliquez sur l'image puis double-cliquez sur le bouton *Reproduire la mise en forme*.

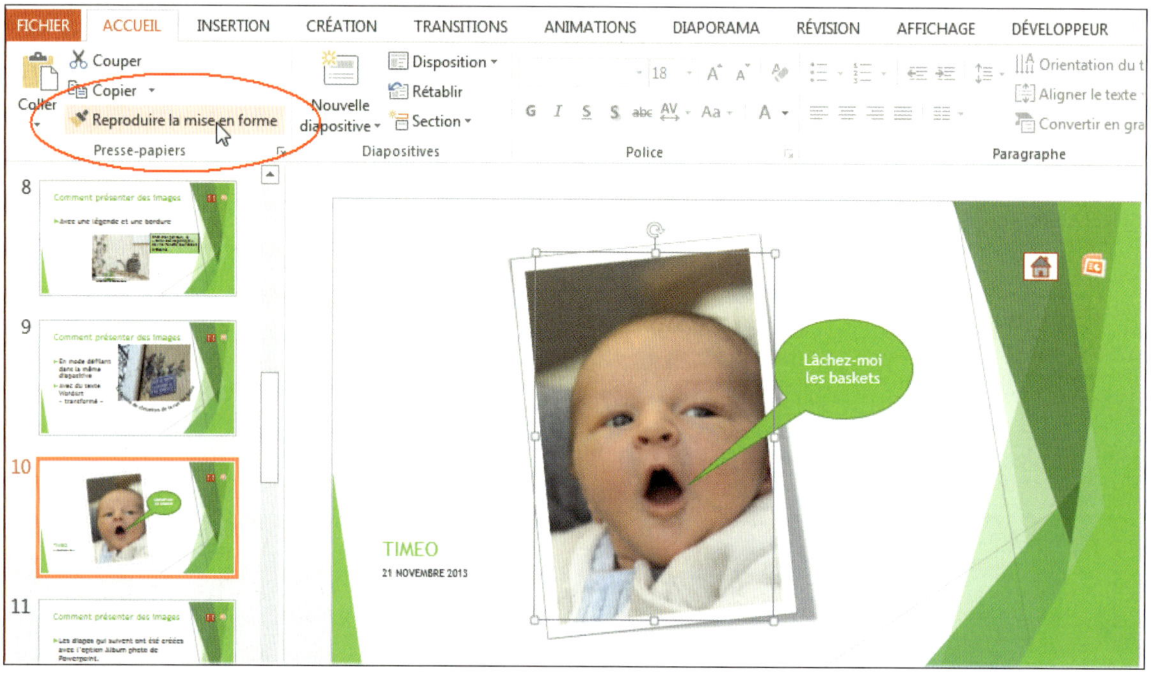

2 Le pointeur prend la forme du pinceau et toutes les images sur lesquelles vous allez cliquer vont adopter le même style. Faites glisser le curseur du volet gauche pour afficher les diapositives 7 et 8 et cliquez sur la 7. Le pinceau ne s'active que lorsque vous cliquez dans la diapositive au centre. Cliquez tour à tour sur les trois images affichées puis passez à la diapositive 8.

3 Une fois que toutes les images ont été mises en forme, appuyez sur la touche *Échap* ou cliquez de nouveau sur le pinceau pour le désactiver. Cet outil fonctionne aussi en mode « ponctuel ». Si vous cliquez simplement sur le pinceau puis que vous cliquez sur l'objet à mettre en forme il se désactive aussitôt sa tâche accomplie. Si vous changez d'avis sur la mise en forme d'une image, cliquez dessus pour afficher l'onglet *Format* puis cliquez sur le bouton *Rétablir l'image*.

4 Attention, si vous insérez plusieurs images en provenance de votre appareil photo (celles d'Internet sont assez légères en général), la taille de la présentation va rapidement devenir importante. Si vous exécutez la présentation sur votre ordinateur et que vous n'avez pas besoin de la partager cela n'a pas grande importance, mais dans le cas contraire, il faut compresser les images pour en réduire la taille. Toujours sur l'onglet *Format de l'image*, cliquez sur le bouton *Compresser les images*.

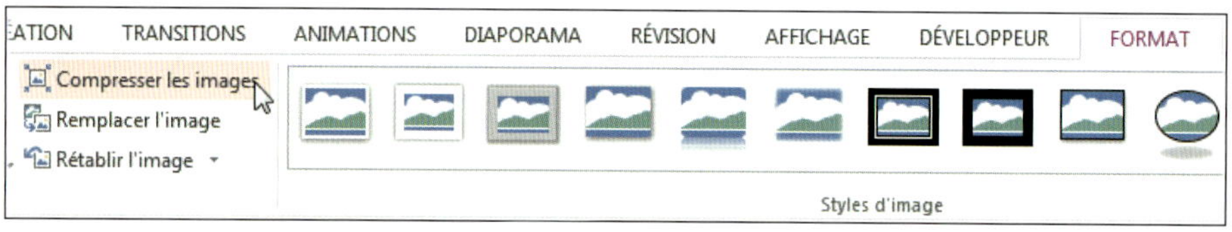

5 Décochez la case *Appliquer à l'image sélectionnée uniquement* pour traiter toutes les images du document. Si des images ont déjà été compressées, elles ne le seront pas plus puisqu'il s'agit de leur appliquer une résolution particulière en supprimant des pixels. Si l'image se présente déjà dans cette résolution ou dans une résolution inférieure, elle sera conforme et ne sera pas traitée. Cochez ensuite l'option de sortie appropriée. Notez que c'est pour l'impression qu'il faut réserver la plus grande résolution afin que les images conservent une bonne qualité. Terminez en cliquant sur *OK*.

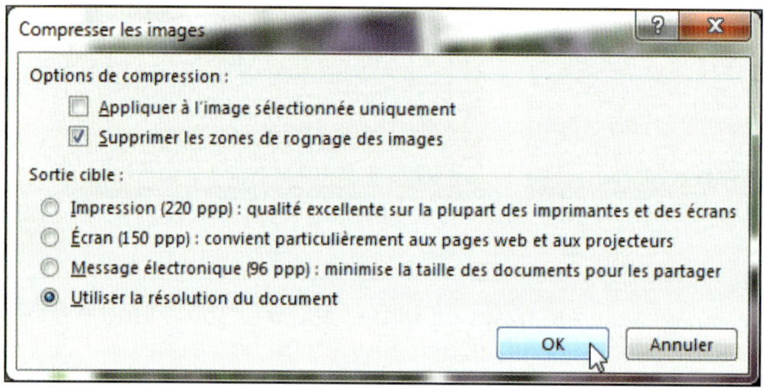

TP 19 Transformer une diapositive en image JPEG

Si vous travaillez avec la version 2007 de PowerPoint, vous ne bénéficiez pas encore de la possibilité d'enregistrer le diaporama en version vidéo afin de le visualiser sur un lecteur de salon. En transformant les diapositives en images JPEG, vous serez en mesure de les afficher sur un tel lecteur. De plus, les outils de mise en page et de mise en forme de PowerPoint étant simples d'emploi et assez faciles à utiliser, vous pouvez vous servir de cette application pour créer des compositions d'image ou même une carte de visite puis la partager ou l'imprimer en la transformant en image JPEG.

Prérequis : aucun
Fichier employé : TP19.pptx
Temps de réalisation : 5 minutes

1 Ouvrez le fichier TP19.pptx puis cliquez sur *Fichier, enregistrer sous*. Dans le menu déroulant *Type*, choisissez *Format JPEG* ou *Fichier d'échange JPEG*. Cliquez sur *Enregistrer*.

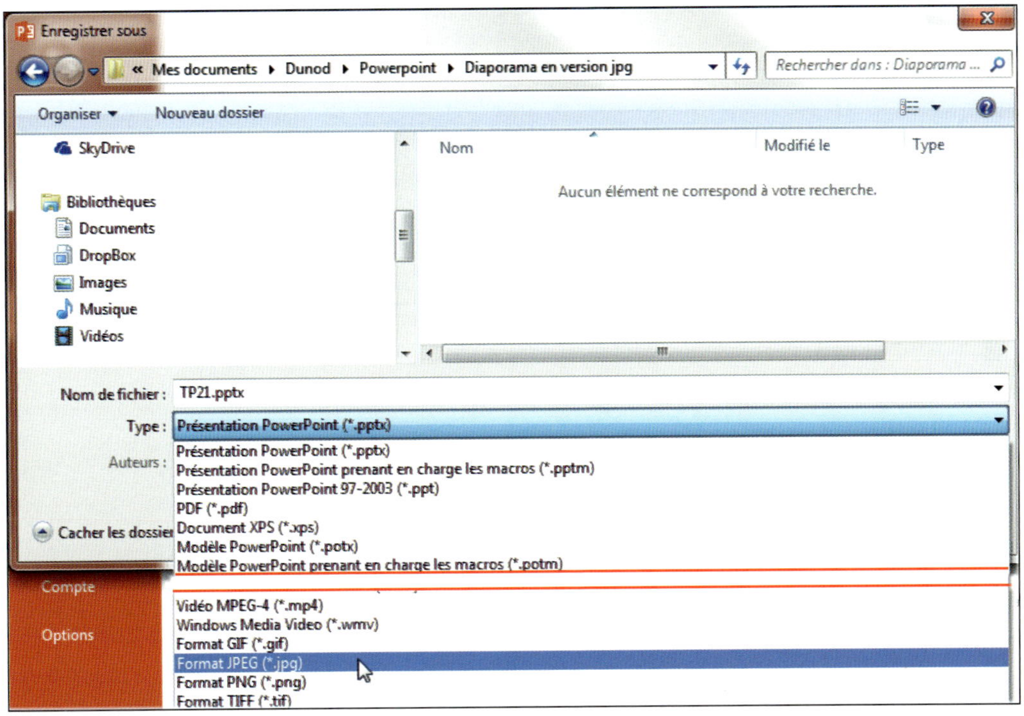

2 Si vous aviez cliqué sur une diapositive particulière, vous pouvez maintenant choisir de convertir uniquement cette diapositive-là, sinon cliquez sur *Toutes les diapositives*.

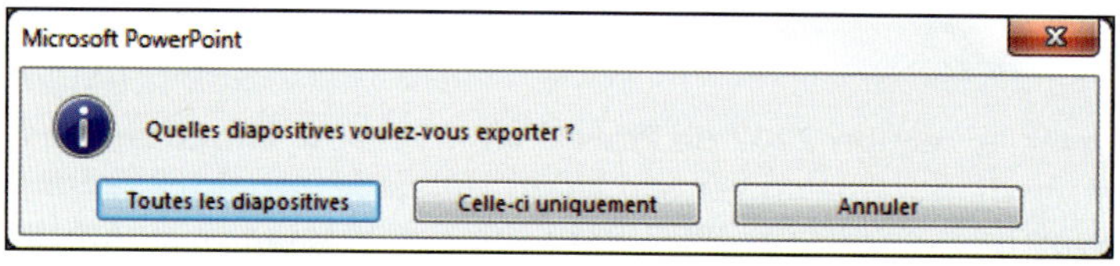

3 Chaque diapositive est enregistrée dans un fichier image distinct, dans un dossier au nom de la présentation PowerPoint.

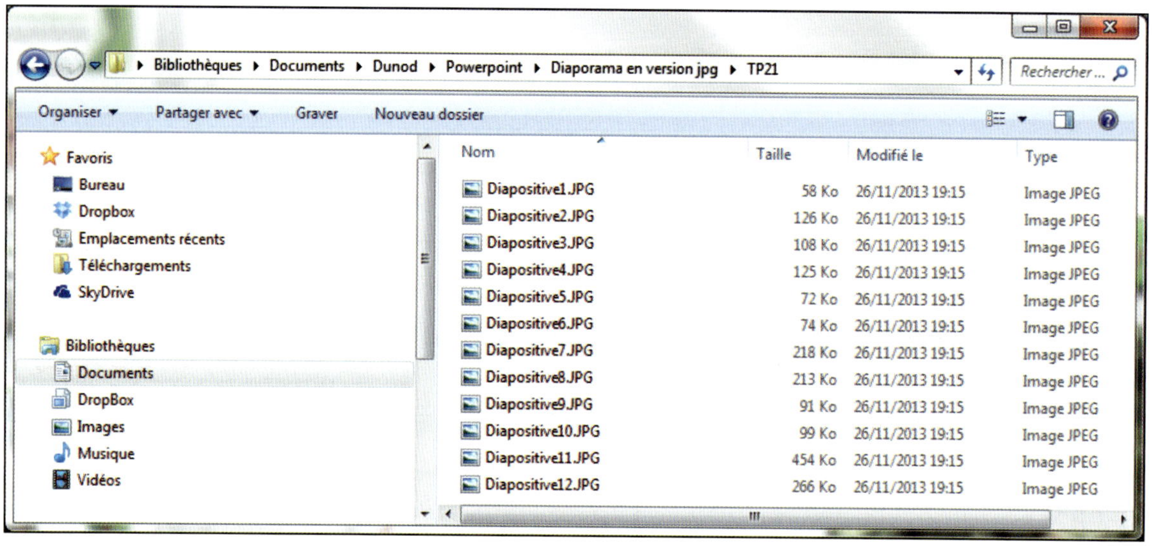

Tableaux et graphiques

Les TP de cette partie sont consacrés aux tableaux et graphiques qui sont des éléments courants dans toute présentation professionnelle. Les premiers ont deux fonctions : la présentation pratique et esthétique d'un planning ou de données comme dans un tableau créé dans Word (vous pouvez faire des calculs dans un tableau Word mais c'est assez compliqué et pas du tout dynamique), ou la présentation de données à analyser ou à calculer comme dans un tableau créé dans Excel.

Les graphiques étant par nature des outils de communication, puisqu'ils transforment des tableaux de données difficiles à décrypter en représentations visuelles dans lesquelles on repère d'un coup d'œil des tendances et proportions, ils trouvent tout naturellement leur place dans une présentation PowerPoint.

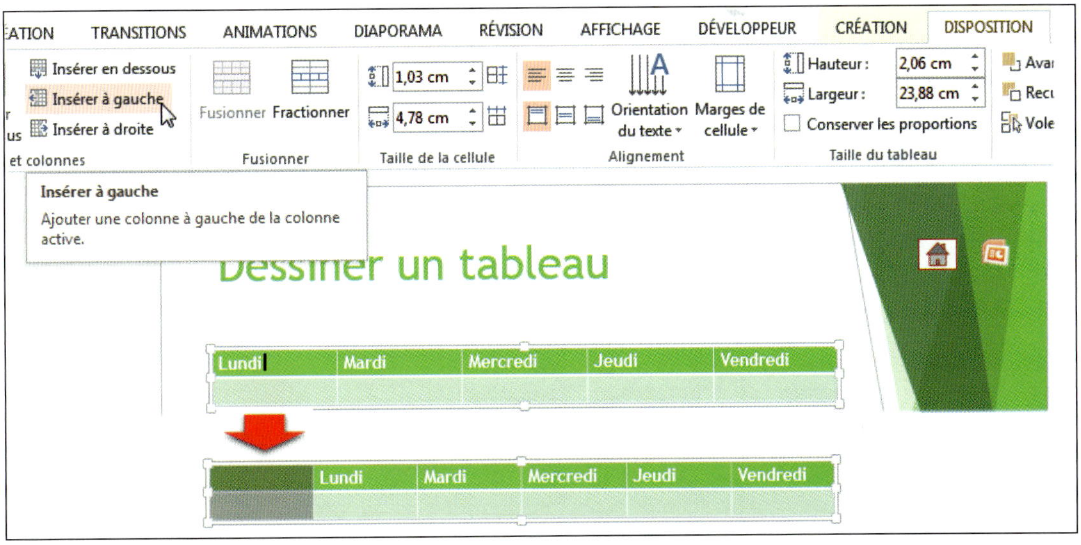

TP 20 Insérer un tableau

Il existe quatre méthodes pour insérer un tableau dans une diapositive : vous le dessinez dans PowerPoint, vous copiez et collez un tableau existant depuis un document Word ou Excel, ou vous insérez une feuille de calcul Excel depuis PowerPoint. La première méthode crée un tableau simplement destiné à présenter des informations dans des cases, les deux suivantes récupèrent des tableaux existants, et la quatrième permet de créer un tableau dans une diapositive, comme si vous étiez dans Excel, avec toutes les fonctions d'Excel à disposition. Ce TP aborde la première méthode.

Prérequis : aucun
Fichier employé : TP20.pptx
Temps de réalisation : 15 minutes

1 Ouvrez le fichier TP20.pptx puis cliquez sur la diapositive 3. Cette diapositive étant vide, nous allons choisir la disposition adéquate pour nous simplifier le travail. Sur l'onglet *Accueil*, cliquez sur le menu *Disposition* et choisissez *Titre et contenu*. Cette disposition crée une zone réservée au centre de la diapositive, prête à accueillir un tableau, une image, un graphique ou une vidéo.

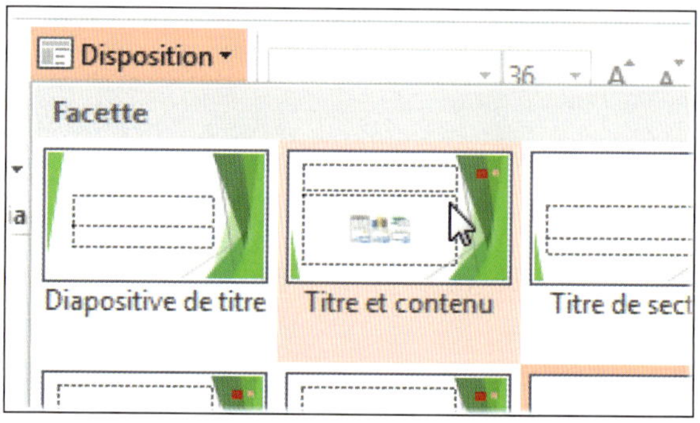

2 Cliquez sur l'icône *Insérer un tableau* puis choisissez les nombres de lignes et colonnes appropriés. Attention, cette méthode ne crée pas un tableau dans lequel vous serez en mesure de faire des calculs, si vous voulez insérer un tableau de type Excel, passez au TP 21. Rien n'est irréversible dans cette création, si ces nombres se révèlent erronés par la suite, il suffira de rajouter ou de supprimer des lignes ou des colonnes comme expliqué plus loin.

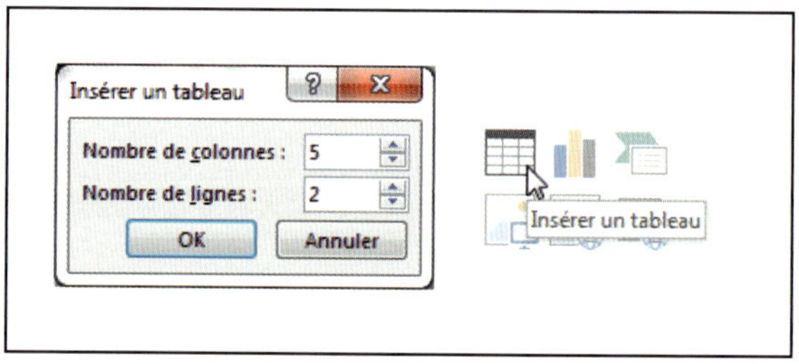

3 Comme toujours, l'élément inséré adopte des couleurs assorties au thème de la présentation. Pour remplir les cases, cliquez simplement à l'intérieur et saisissez votre texte. Pour passer d'une case à l'autre, inutile de reprendre la souris à chaque fois : cliquez simplement sur la touche *Tab* pour vous déplacer vers la droite, ou sur une des touches flèche. Notez que lorsque le tableau est actif (vous avez cliqué à l'intérieur), le ruban comporte deux onglets supplémentaires : *Création* et *Disposition*. Servez-vous de l'onglet *Création* pour régler tous les aspects esthétiques du tableau. La galerie de modèles, en particulier, permet d'appliquer en un clic un ensemble de mises en forme.

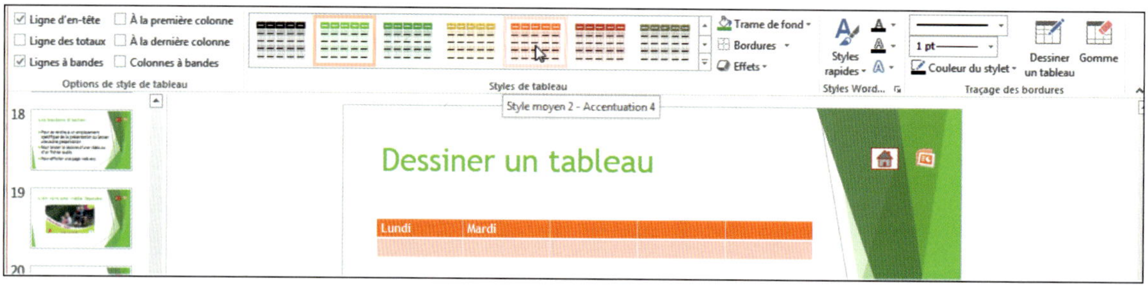

4 L'onglet *Disposition* fournit toutes les fonctions de remodelage du tableau, comme l'insertion ou la suppression de lignes, colonnes ou cellules, les options d'alignement et de mise en forme du texte dans une cellule, la taille du tableau, etc. Pour insérer une nouvelle colonne, par exemple, cliquez dans une cellule puis choisissez *Insérer à gauche* ou *Insérer à droite*.

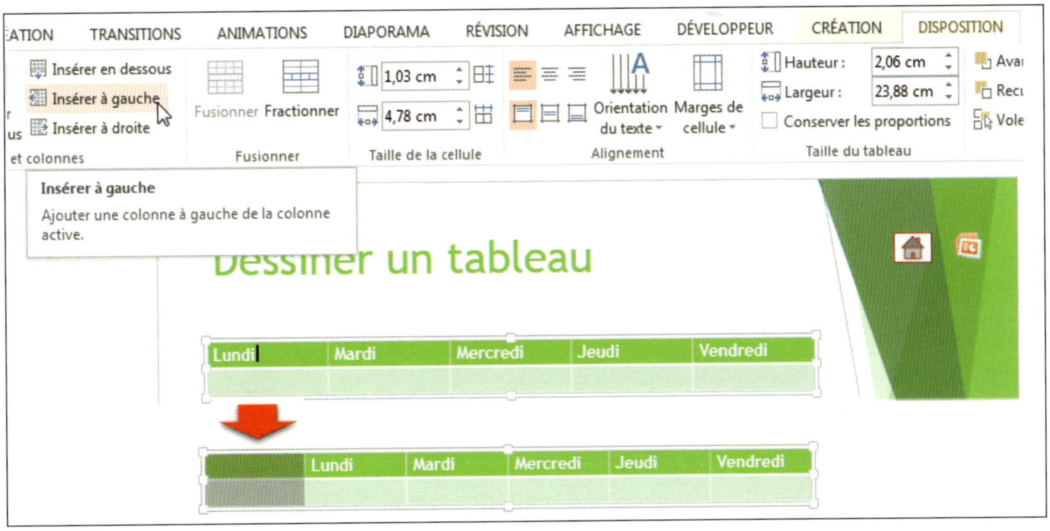

5 Pour ajouter une nouvelle ligne, appuyez sur la touche *Tab* lorsque vous vous trouvez dans la dernière cellule à droite du tableau ou cliquez sur *Insérer au-dessus* ou sur *Insérer en dessous*.

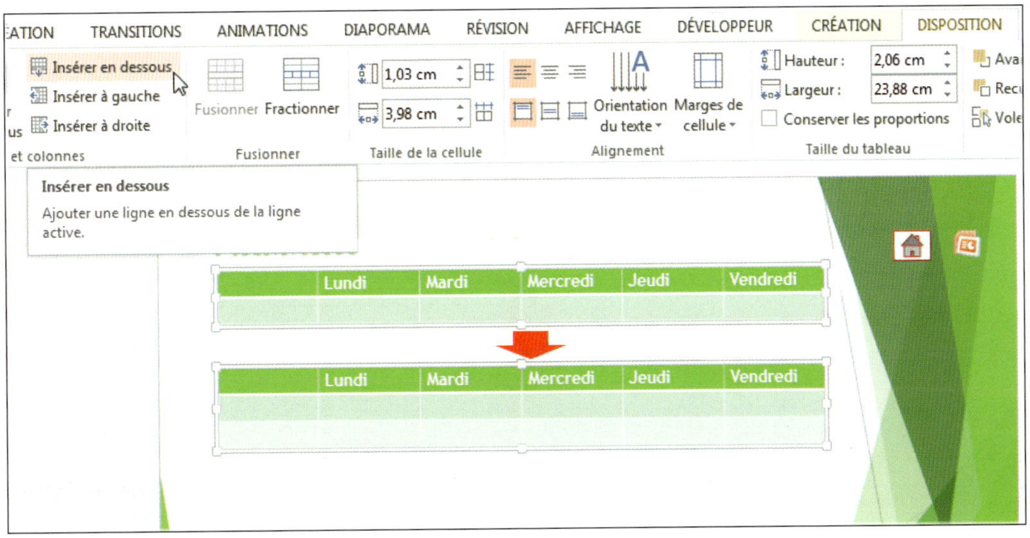

6 Pour en terminer avec les options de mise en forme les plus importantes, examinons la mise en forme des cellules. Pour changer cette mise en forme, cliquez dans la cellule concernée ou sélectionnez le groupe de cellules à modifier. Choisissez ensuite une des options du groupe *Alignement*. Pour écrire les en-têtes à la verticale, par exemple, sélectionnez les cellules de la première ligne puis cliquez sur *Orientation du texte* et choisissez l'option appropriée.

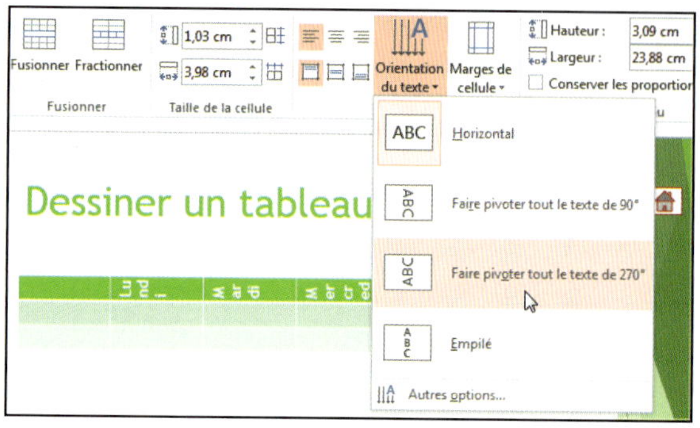

7 PowerPoint ne modifie pas automatiquement la taille des cellules lors d'un changement d'orientation. Pour changer la hauteur d'une ligne ou la largeur d'une colonne, positionnez le pointeur sur la ligne à déplacer puis faites-la glisser dès qu'il se transforme en double flèche. Vous pouvez aussi changer les valeurs dans les champs *Hauteur* et *Largeur* de l'onglet *Disposition*.

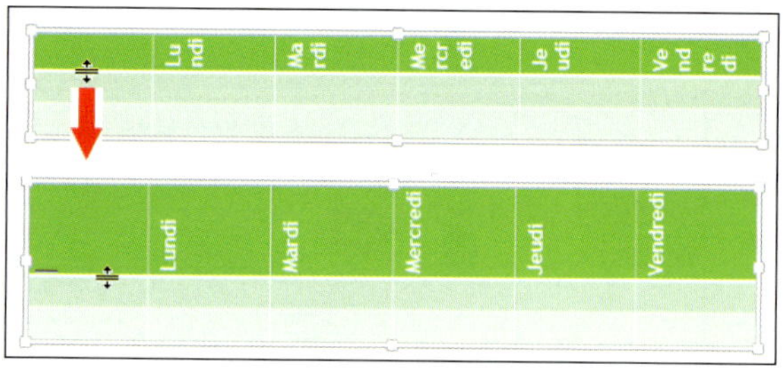

8 Pour dessiner un tableau beaucoup moins régulier et conventionnel, sélectionnez la diapositive suivante (la 4). Dans le groupe *Tableau* de l'onglet *Insertion*, cliquez sur *Tableau*, puis sur *Dessiner un tableau*. Le pointeur prend la forme d'un crayon.

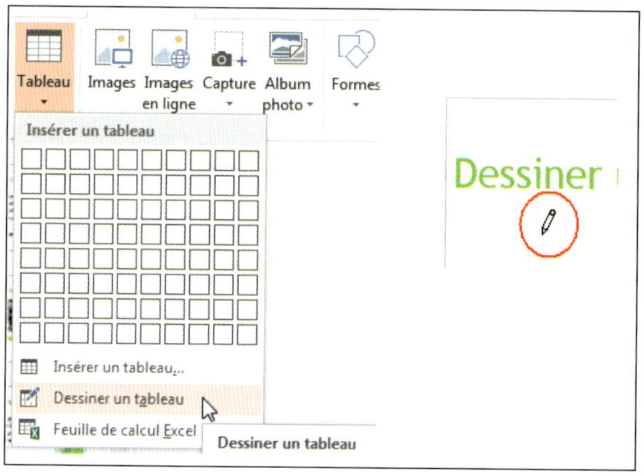

9 Commencez par tracer le contour extérieur du tableau en faisant glisser la souris en diagonale jusqu'à la taille souhaitée. Tracez ensuite les lignes individuellement en cliquant-glissant de gauche à droite ou de haut en bas. Notez que dès la première ligne tracée les onglets *Création* et *Disposition* ont fait leur apparition. Si vous perdez le crayon, cliquez sur le bouton *Couleur du stylet* de l'onglet *Création* et continuez à tracer vos lignes.

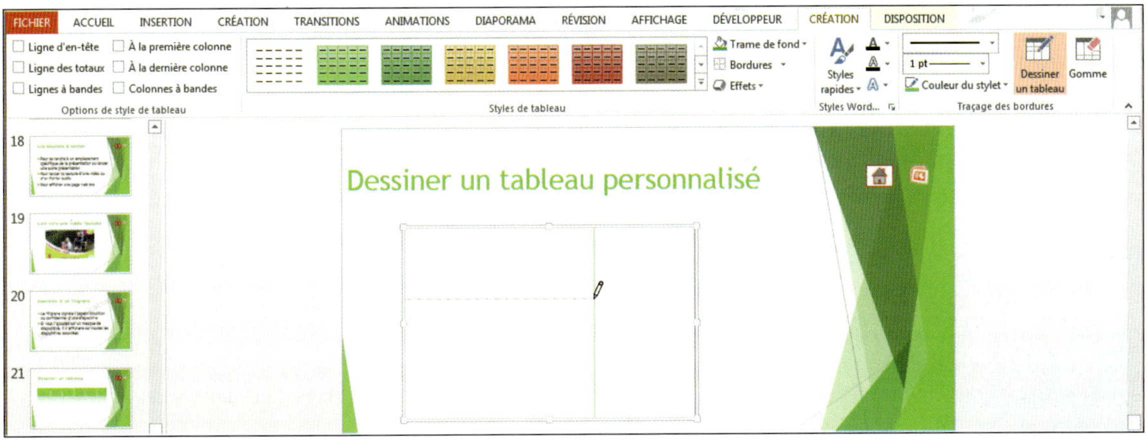

10 Pour effacer le trait d'une cellule, cliquez sur la *Gomme*, à droite de l'onglet *Création* ou maintenez la touche *Maj* enfoncée. Le pointeur prend la forme d'une gomme. Cliquez sur le trait à effacer.

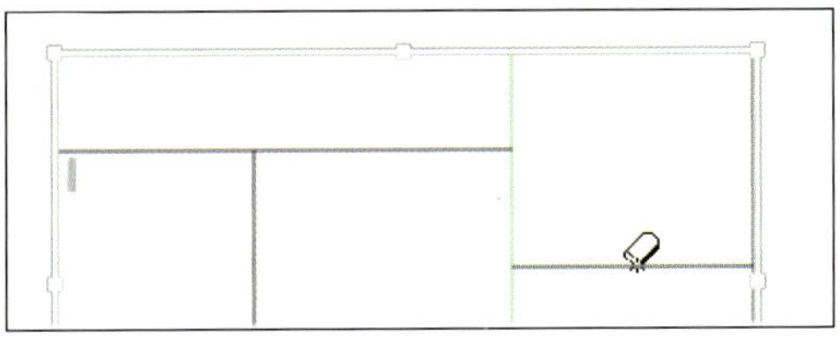

TP 21

Créer un tableau Excel

PowerPoint, Word et Outlook offrent tous la possibilité de créer dans une diapositive/document/message un véritable tableau Excel, en bénéficiant du ruban d'Excel et de l'ensemble des fonctionnalités de cette application. Cela signifie que si le tableau n'a pas encore été créé dans Excel, auquel cas un simple copier-coller aurait permis de le récupérer sur une diapositive, il est inutile de le faire dans cette application. PowerPoint se fait passer pour Excel le temps de la création du tableau.

Prérequis : aucun
Fichier employé : TP21.pptx
Temps de réalisation : 15 minutes

1 Ouvrez le fichier TP21.pptx puis cliquez sur la diapositive 5. Sur l'onglet *Insertion*, cliquez sur *Tableau*, *Feuille de calcul Excel*. Déplacez la mini-feuille Excel créée en positionnant le pointeur sur sa bordure grisée puis en la faisant glisser. Redimensionnez-la comme une image, en faisant glisser une des poignées de redimensionnement.

2 Tant que vous remplissez ce tableau, le ruban de PowerPoint est remplacé par celui d'Excel. Vous travaillez dans ce tableau exactement comme vous le feriez dans une véritable feuille de calcul. Quand vous avez terminé, cliquez dans le fond de la diapositive : la feuille Excel se transforme en simple tableau PowerPoint. Double-cliquez dessus si vous avez besoin de la modifier.

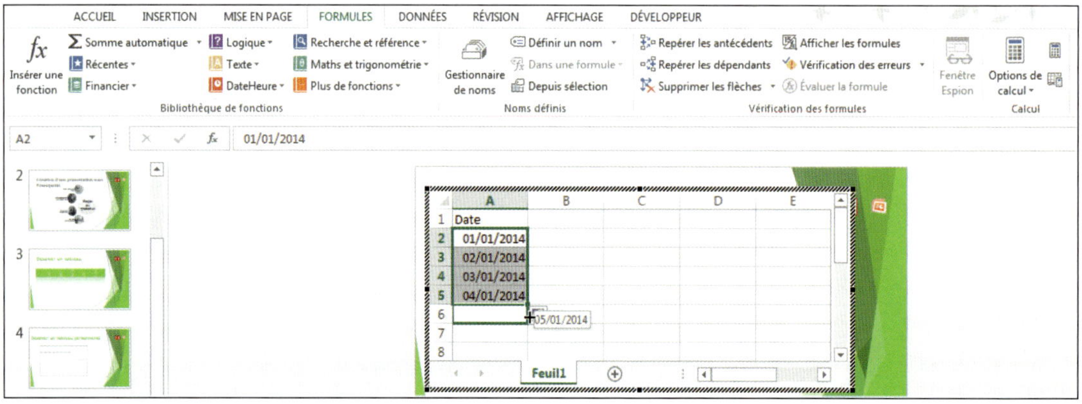

TP 22 Insérer un graphique

Comme pour un tableau, vous insérez un graphique Excel sur une diapositive en remplissant directement dans PowerPoint la feuille de calcul associée, ou en copiant-collant un graphique existant. Dans le cas d'un copier-coller, vous pouvez choisir de garder ou pas un lien avec le graphique d'origine, de sorte que la diapositive soit automatiquement mise à jour si les données du graphique sont modifiées dans le fichier Excel. Vous avez exactement la même option lorsque vous copiez-collez un tableau d'un fichier Excel à destination d'une diapositive.

Prérequis : aucun
Fichier employé : TP22.pptx
Temps de réalisation : 15 minutes

1 Ouvrez le fichier TP22.pptx puis cliquez sur la diapositive 6. Sur l'onglet *Insertion*, cliquez sur *Graphique* puis choisissez le type de graphique dans la fenêtre *Insérer un graphique*. Cliquez sur *OK*.

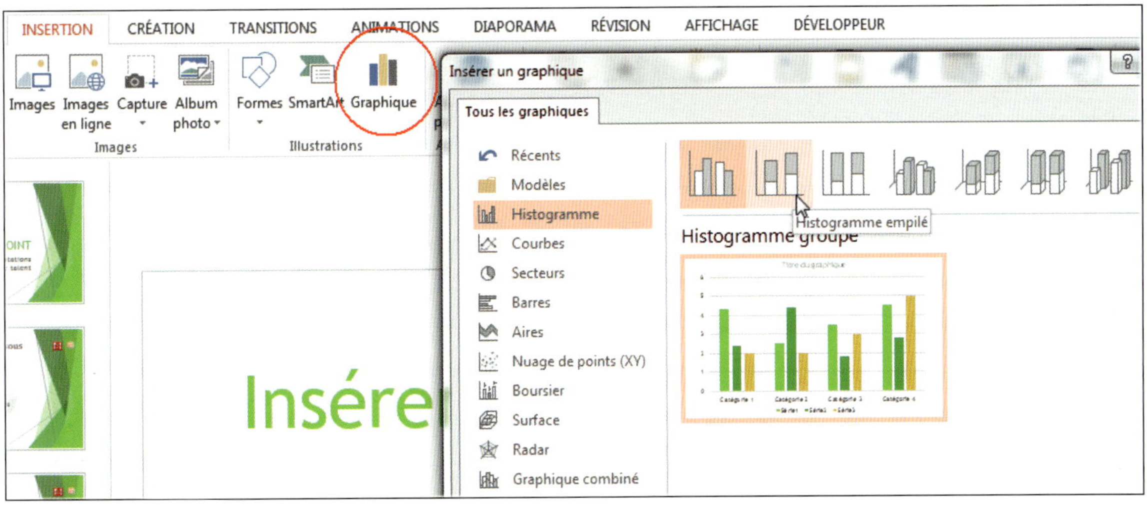

2 Remplacez les exemples de données dans la feuille Excel par vos propres données, puis double-cliquez dans la diapositive pour faire disparaître la feuille de calcul. Servez-vous ensuite des onglets *Création* et *Format* (ou *Disposition* et *Mise en forme*) pour mettre en forme votre graphique. L'onglet *Création* concerne l'aspect global du graphique. Choisissez un modèle de couleurs dans la galerie présentée dans la partie *Styles du graphique* puis changez éventuellement les couleurs de ce dernier en cliquant sur le bouton *Modifier les couleurs* (version 2013).

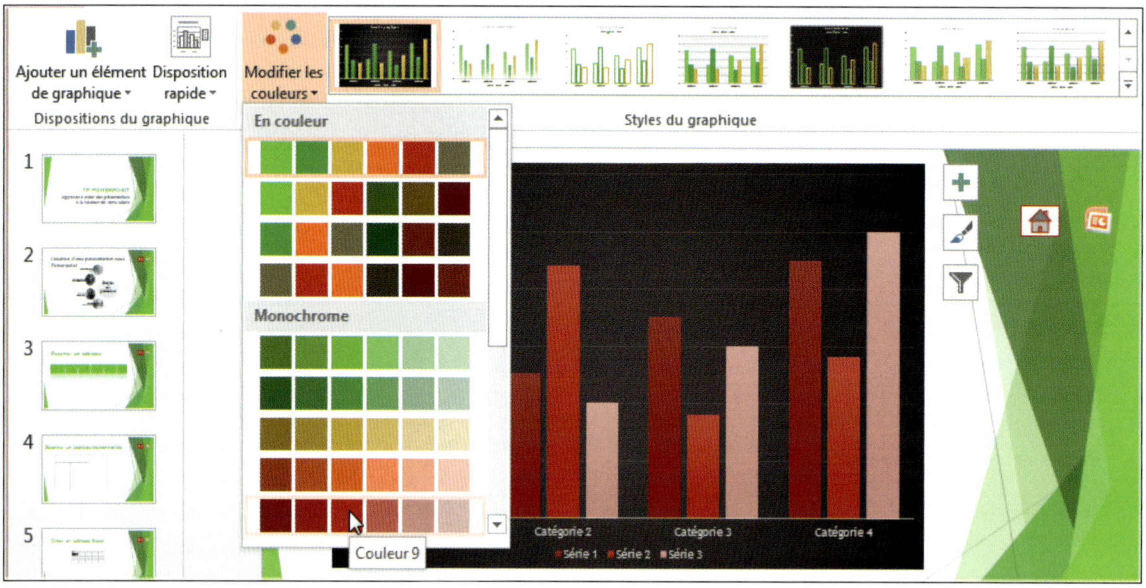

3 Pour changer tout ce qui concerne le titre, les étiquettes de données, les axes, vous disposez de l'onglet *Disposition* avec la version 2007. Dans les versions ultérieures, cliquez sur le bouton « + » à droite du graphique pour choisir les éléments à afficher ou masquer : le bouton pinceau pour changer les styles de couleurs appliqués et le bouton filtre pour sélectionner les séries de données à afficher/masquer. Le volet latéral à droite affiche tous les paramètres modifiables des éléments du graphique : sélectionnez l'élément concerné dans la liste *Options*… puis changez les valeurs qui s'affichent dans le volet.

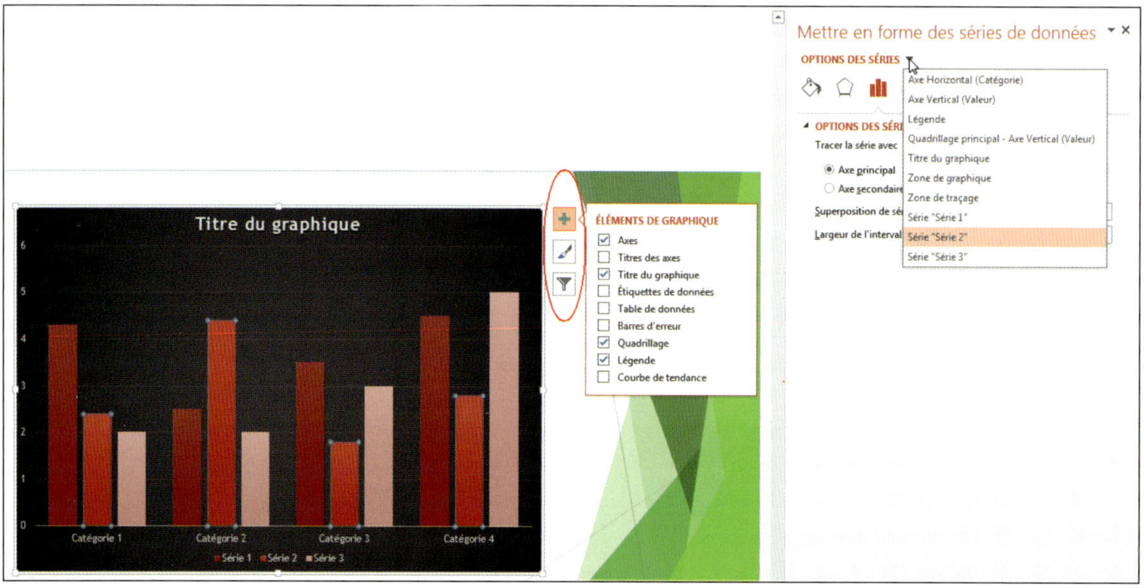

4 Vous constatez qu'un graphique créé dans PowerPoint peut évoluer à tout moment si vous affichez le tableau de données et que vous le modifiez. En ce qui concerne le copier-coller d'un graphique existant, il est possible de conserver un lien avec le fichier source et de garder ainsi la possibilité de faire évoluer le graphique en modifiant ce fichier source (un copier-coller simple crée une copie « figée » du graphique). Cliquez sur *Nouvelle diapositive* puis ouvrez le fichier effectifs.xlsx. Copiez le graphique puis cliquez sur le bouton *Coller de PowerPoint* et choisissez une des deux options de collage avec « lier les données ».

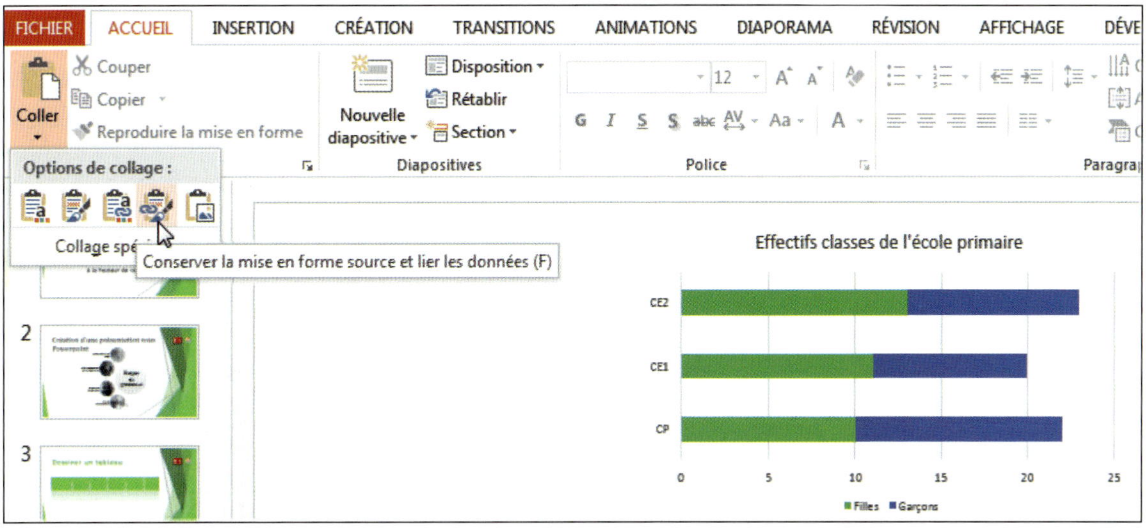

5 Modifiez maintenant une valeur dans le fichier Excel : saisissez 20 garçons en CM1, par exemple. Vous constatez que les deux graphiques (dans Excel et dans PowerPoint) sont aussitôt mis à jour.

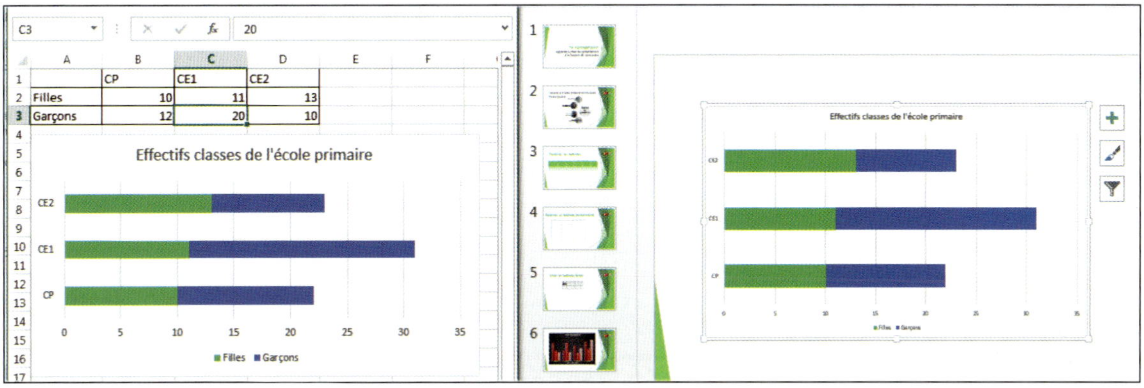

Le son

Le son peut prendre diverses formes dans une présentation PowerPoint. Il peut être bref et accompagner une transition ou un effet (vous découvrirez cette fonction dans la partie réservée aux animations), il peut s'agir d'une musique qui accompagne un diaporama qui s'exécute en boucle et/ou de façon autonome, d'une interview à faire écouter en complément de la photo de l'interviewé, de commentaires enregistrés par vous sur certaines diapositives ou même de l'enregistrement des échanges pendant que vous déroulez la présentation devant votre auditoire. Les TP de cette partie présentent les caractéristiques essentielles de l'insertion du son et expliquent comment l'insérer sous toutes les formes citées précédemment.

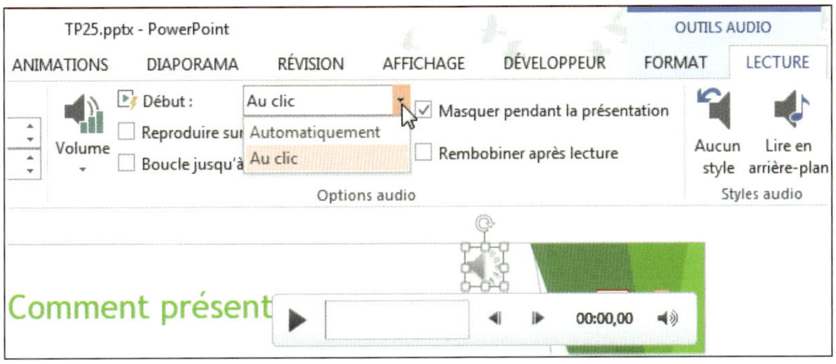

TP 23 Où trouver des fichiers son ?

Lorsqu'on parle de son dans une formation consacrée à PowerPoint, les stagiaires ont aussitôt pour habitude de rechercher des sons amusants sur Internet pour accompagner une animation. La bibliothèque de Microsoft Office contient aussi de nombreux fichiers son dans lesquels vous pouvez puiser mais n'oubliez pas que votre téléphone portable est certainement également capable d'enregistrer de l'eau qui coule, un chant d'oiseau, une interview, des cris d'enfant, etc.

Prérequis : aucun
Fichier employé : TP23.pptx, chat.mp3
Temps de réalisation : 15 minutes

1 Ouvrez le fichier TP23.pptx puis cliquez sur la diapositive 2. Nous allons chercher un miaulement de chat pour accompagner l'affichage de cette diapositive. La recherche la plus simple se fait directement dans PowerPoint : cliquez sur le bouton *Audio* de l'onglet *Insertion*, choisissez *Audio en ligne* (2013) ou *Son de la bibliothèque multimédia* (2007) puis saisissez des mots-clés dans le champ *Rechercher*. Les résultats sont cependant assez décevants et tout ce que vous trouverez en matière d'animaux est le cri du morse !

2 Si vous affichez en revanche votre moteur de recherche préféré et que vous saisissez les mots-clés *Banque sons animaux gratuits*, vous allez trouver quantité de sites qui diffusent ce genre de fichier, et en particulier le site de *Universal-soundbank.com* très fourni. Cliquez sur un groupe de sons dans le haut de la fenêtre (Bruitage 1, Bruitage 2, etc.) pour afficher les différentes catégories de son et cliquez sur l'une d'elle ou choisissez un lien dans la barre latérale gauche. Ici nous avons choisi *Son et bruitage des animaux*, puis *Chats* au centre.

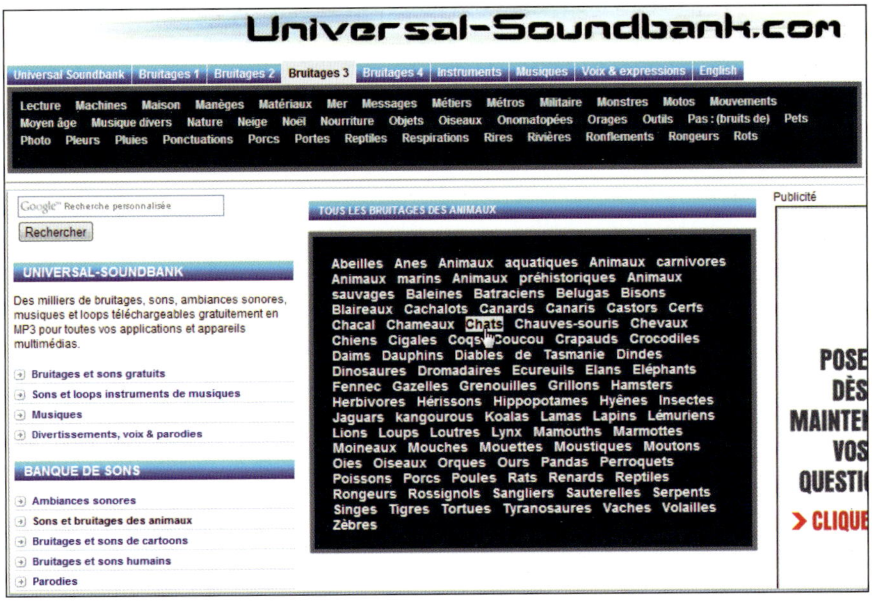

3 Écoutez les différents sons proposés puis cherchez les liens de téléchargement des sons. Cliquez-droit sur le fichier choisi, choisissez *Enregistrer le lien sous…* puis enregistrez le fichier son à l'emplacement voulu.

À la fin du téléchargement, retournez dans PowerPoint et cliquez sur le bouton *Audio* de l'onglet *Insertion*, choisissez *Audio sur mon PC*. Naviguez jusqu'au fichier et double-cliquez dessus (vous pouvez utiliser le fichier chat.mp3 fourni dans les fichiers d'exercices).

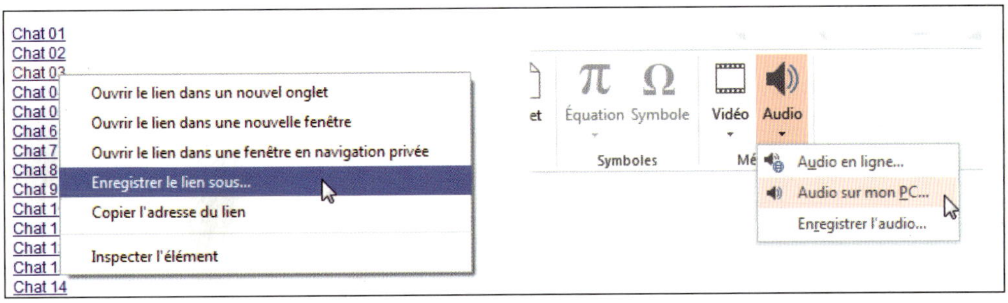

4 Le son inséré prend la forme d'une icône de haut-parleur. Lorsqu'elle est sélectionnée, deux onglets supplémentaires s'affichent dans le ruban avec toutes les options pour ce fichier son. Cochez la case *Masquer pendant la présentation* de l'onglet *Lecture* pour faire disparaître l'icône du haut-parleur puis choisissez dans la liste *Début* quand le son doit se diffuser : *Automatiquement* (à l'affichage de la diapositive) ou au clic. Il est possible aussi de lier le son à une animation, à l'affichage de l'image, par exemple, comme vous le découvrirez dans les TP de la partie *Animation*.

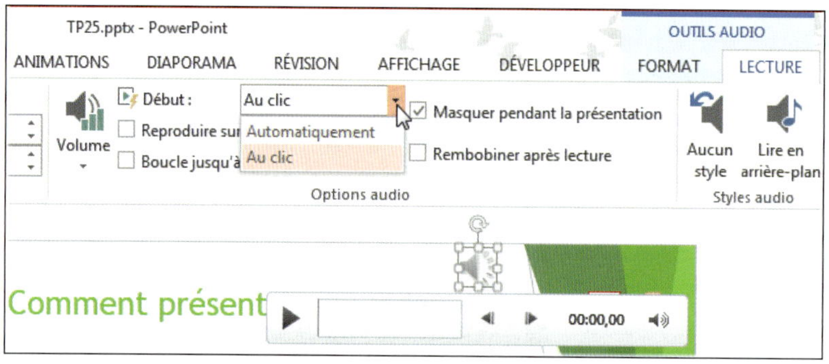

5 Attention, PowerPoint ne prend pas en charge tous les formats de fichier son, mais vous pouvez installer d'autres décodeurs audio et vidéo sur votre PC pour les fichiers non supportés en standard (consultez l'aide). Voici les formats pris en charge par PowerPoint 2013 :

Format de fichier	**Extension**
Fichier audio AIFF	.aiff
Fichier audio AU	.au
Fichier MIDI	.mid ou .midi
Fichier audio MP3	.mp3
Advanced Audio Coding - Fichier audio MPEG-4	.m4a, .mp4
Fichier audio Windows	.wav
Fichier Windows Media Audio	.wma

TP 24 Insérer une musique de fond et l'ajuster à tout ou partie de la présentation

Dans une présentation ou une partie de présentation destinée à être uniquement regardée, et non commentée, un bruitage d'ambiance ou de la musique peut accompagner une ou plusieurs diapositives. Si le fichier audio est trop court, vous le lisez en boucle, s'il est suffisamment long pour choisir un extrait, vous allez apprendre dans ce TP à le découper pour l'adapter à la durée de la présentation ou des diapositives associées.

Prérequis : aucun
Fichier employé : TP24.pptx, cascade.mp3 et alouette.mp3
Temps de réalisation : 15 minutes

1 Ouvrez le fichier TP24.pptx puis cliquez sur la diapositive 3. Nous allons ajouter un bruit de ruisseau et un chant d'oiseau pour compléter l'ambiance et le son devra être diffusé pendant toute la durée d'affichage de la diapositive. Sur l'onglet *Insertion*, cliquez sur *Audio* puis *Audio sur mon PC*. Naviguez jusqu'à vos fichiers d'exercice et double-cliquez sur cascade.mp3. Notez que PowerPoint a filtré le contenu du dossier et ne vous présente que les fichiers audio compatibles. Si votre fichier son se trouve dans le dossier sélectionné et qu'il n'apparaît pas dans cette fenêtre, c'est que son format n'est pas pris en charge.

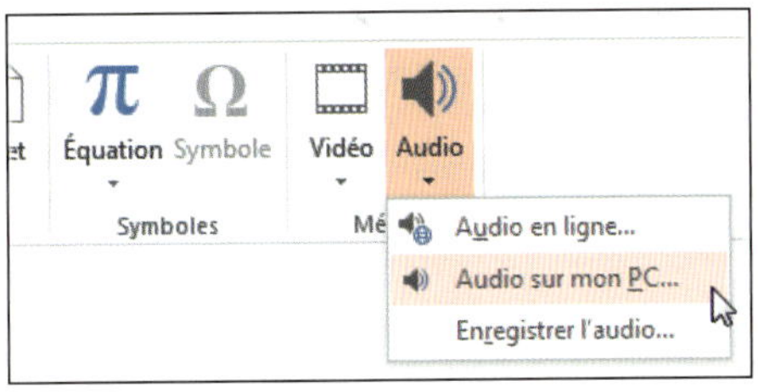

2 Recommencez avec le fichier alouette.mp3 et faites glisser les icônes de ces fichiers vers le coin supérieur droit de la diapositive. Pour lire le son, cliquez sur le bouton de lecture situé sous l'icône du haut-parleur ou cliquez sur le bouton *Lecture* à gauche de l'onglet *Lecture associé au fichier son.*

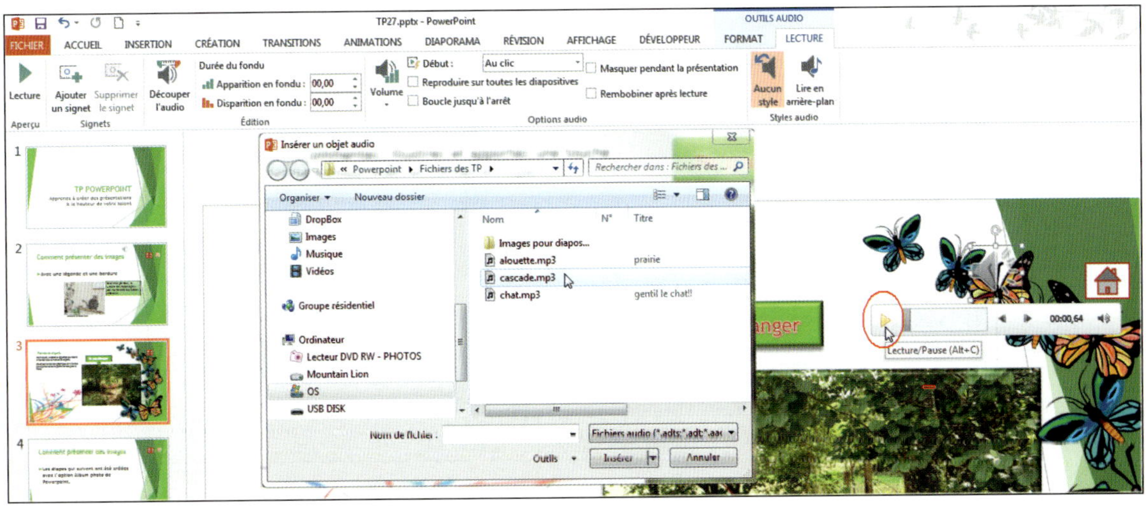

3 Cliquez sur l'icône du fichier alouette.mp3 et cochez la case *Masquer pendant la présentation*. Si vous masquez ainsi l'icône lors de la présentation, il faut programmer la diffusion du son d'une façon ou d'une autre puisque vous ne serez pas en mesure de cliquer sur l'icône du haut-parleur pour lancer la lecture. Dans le groupe *Options audio* de l'onglet *Lecture*, ouvrez le menu déroulant *Début* et choisissez *Automatiquement* puis cochez la case *Boucle jusqu'à l'arrêt*.

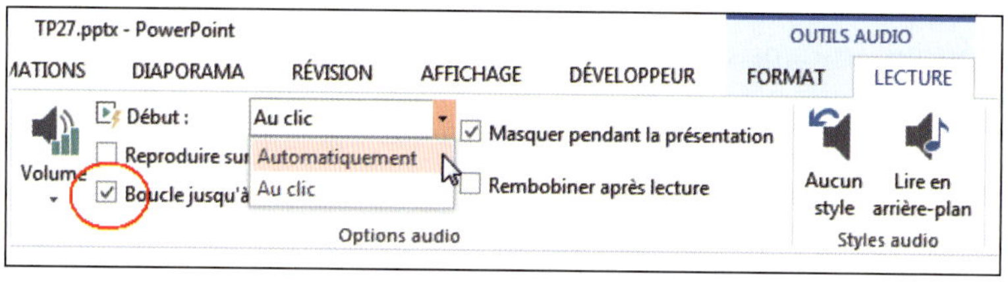

4 Faites la même chose avec le fichier cascade.mp3 et lancez le diaporama. Vous allez constater que les deux sons s'exécutent en même temps dès l'affichage de la diapositive et jusqu'à l'affichage de la diapositive suivante. Nous allons maintenant programmer une musique pour accompagner les quatre diapositives suivantes. Cliquez sur la diapositive 4 et insérez comme expliqué précédemment un de vos fichiers de musique (l'option *Lire une piste de CD audio* n'étant plus disponible depuis PowerPoint 2010, vous devez obligatoirement convertir la musique à diffuser dans PowerPoint en Mp3 à l'aide du lecteur Windows Media). Choisissez *Automatiquement* pour l'option *Début* et pour régler les options de fin, affichez l'onglet *Animations* et cliquez sur *Personnaliser l'animation* ou sur *Volet Animation*.

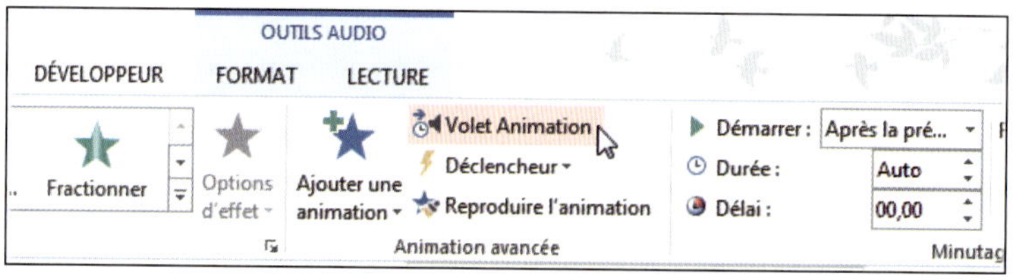

5 Dans le volet *Animation*, cliquez sur la flèche à droite du son puis choisissez *Options d'effet*. Sous l'onglet *Effet* de la fenêtre *Lire Audio*, sous *Interrompre la lecture*, cochez la case *Après*, puis saisissez le nombre de diapositives pendant lesquelles vous désirez lire le son.

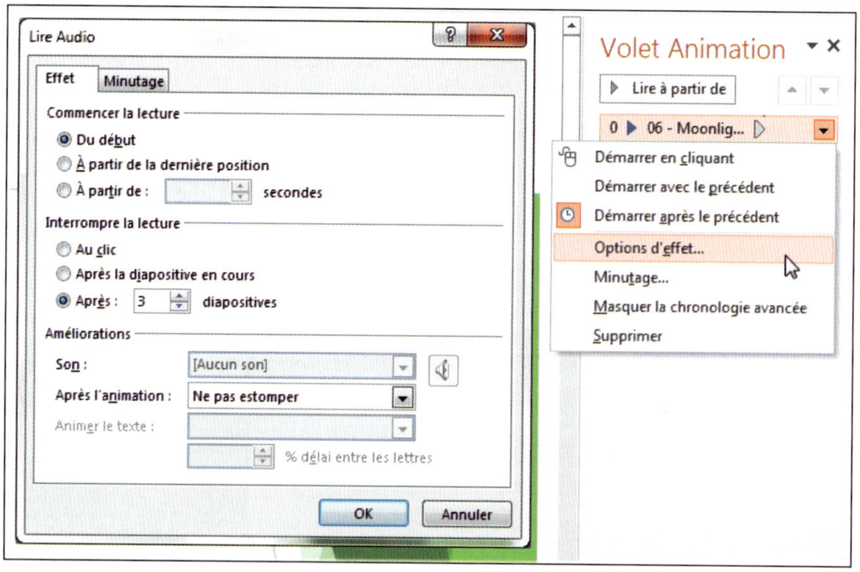

6 Dans la même fenêtre, sur l'onglet *Minutage*, sélectionnez *Avec la précédente* dans la liste *Début* puis lancez le diaporama pour vérifier l'effet obtenu. Si le morceau est trop court, cochez la case *Boucle jusqu'à l'arrêt* sur l'onglet *Lecture*.

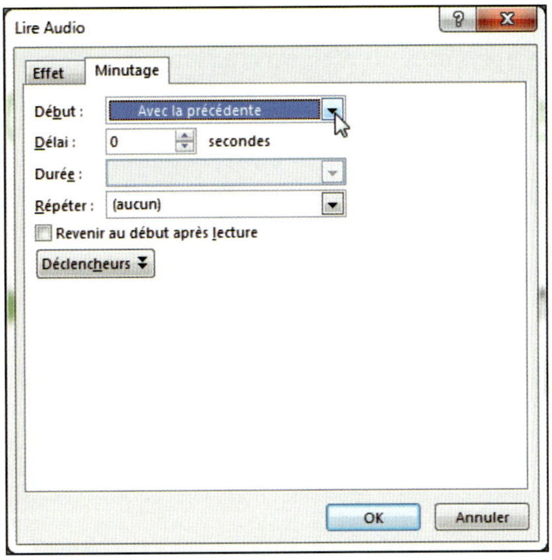

7 Pour supprimer une partie audio dont vous n'avez pas besoin au début du morceau (ou à la fin), sélectionnez le clip audio dans la diapositive et sur l'onglet *Lecture* cliquez sur *Découper l'audio*.

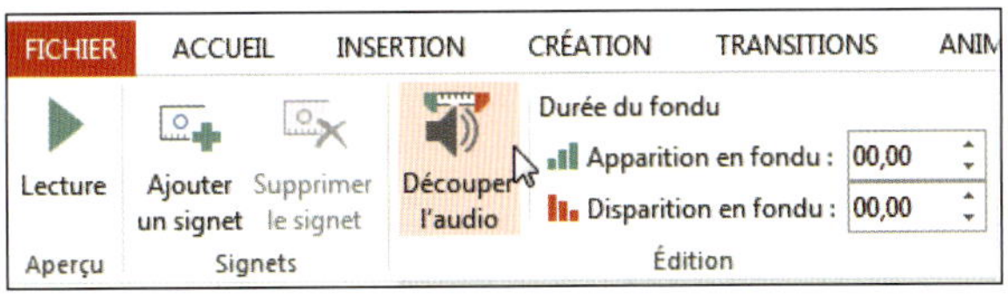

8 Dans la boîte de dialogue *Découper l'audio*, cliquez sur *Lecture* pour identifier le point de « découpage » et cliquez sur *Pause* à ce moment-là. Servez-vous des boutons *Image suivante* et *Image précédente* pour plus de précision. Ensuite, pour découper le début du clip, cliquez sur le point de départ (indiqué par une marque verte, à l'extrême gauche) et dès que le pointeur se transforme en flèche à deux têtes, faites glisser la marque à la position de départ souhaitée pour le clip audio. Pour découper la fin du clip, faites la même chose avec la marque rouge à l'extrême droite.

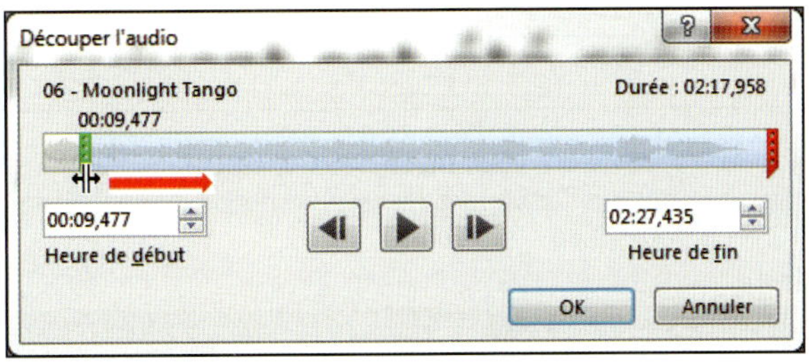

TP 25 Enregistrer une narration

Vous pouvez enrichir une présentation Web ou à exécution automatique en commentant oralement tout ou partie des diapositives et en enregistrant ces commentaires dans une narration. Ce faisant, vous pouvez aussi demander à PowerPoint d'enregistrer le temps passé à décrire chaque diapositive. La narration peut également être enregistrée pendant la présentation, ce qui permet de garder une trace des échanges entre le présentateur et les participants, de sorte que les personnes qui étaient absentes puissent profiter des commentaires apportés au cours de la présentation.

Prérequis : aucun
Fichier employé : TP25.pptx
Temps de réalisation : 10 minutes plus la durée de la présentation

1 Ouvrez le fichier TP25.pptx puis sélectionnez la diapositive 2 à partir de laquelle nous allons enregistrer une narration. Sur l'onglet *Diaporama*, dans le groupe *Configuration*, cliquez sur *Enregistrer la narration* (2007) ou sur *Enregistrer le diaporama* puis sur *Démarrer l'enregistrement à partir de la diapositive actuelle*. Si la narration s'étend sur toute la présentation, choisissez *Commencer l'enregistrement au début*. Bien entendu, pour cette opération, l'ordinateur doit être équipé d'une carte son, d'un microphone et de haut-parleurs comme c'est le cas de tous les ordinateurs portables aujourd'hui. Avant de commencer, assurez-vous que le micro fonctionne correctement.

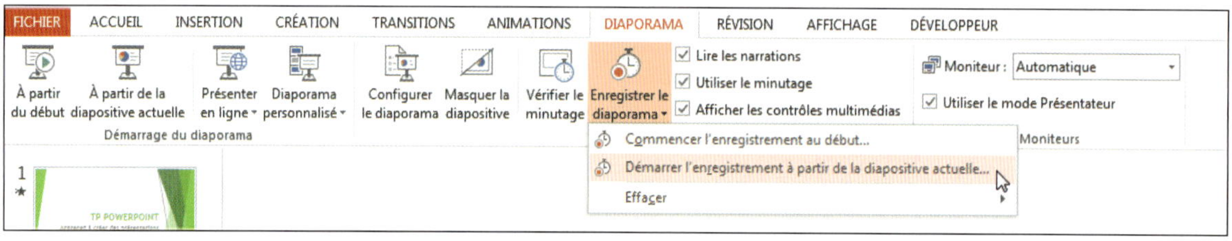

2 Pendant l'enregistrement, vous avez la possibilité d'enregistrer le minutage des diapositives, ce qui se révélera particulièrement utile si la présentation (ou une partie de cette dernière) s'exécute ensuite automatiquement. Si vous ne désirez pas réaliser ce minutage, décochez la case *Diapositive et minutage de l'animation*. Cliquez sur *OK* (2007) ou sur *Démarrer l'enregistrement*.

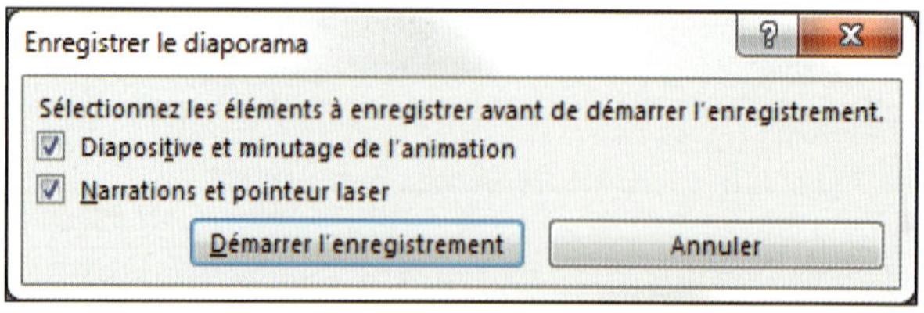

3 Pendant que vous enregistrez la narration, vous parcourez la présentation et vous pouvez marquer une pause à tout moment en cliquant sur le bouton *Suspendre l'enregistrement*. Cliquez sur le bouton *Reprendre l'enregistrement* dès que vous êtes prêt à poursuivre l'opération.

4 Pour arrêter l'enregistrement du diaporama, cliquez-droit sur la diapositive, puis cliquez sur *Arrêter le diaporama*. Le minutage enregistré du diaporama est alors sauvegardé et si vous affichez votre diaporama en mode *Trieuse de diapositives*, vous allez voir le minutage affiché sous chaque diapositive.

5 Pour écouter la narration enregistrée pour une diapositive particulière, affichez cette diapositive en mode normal et positionnez le pointeur sur l'icône du haut-parleur qui la matérialise. Cliquez sur le bouton *Lecture* dans la barre de contrôles multimédias.

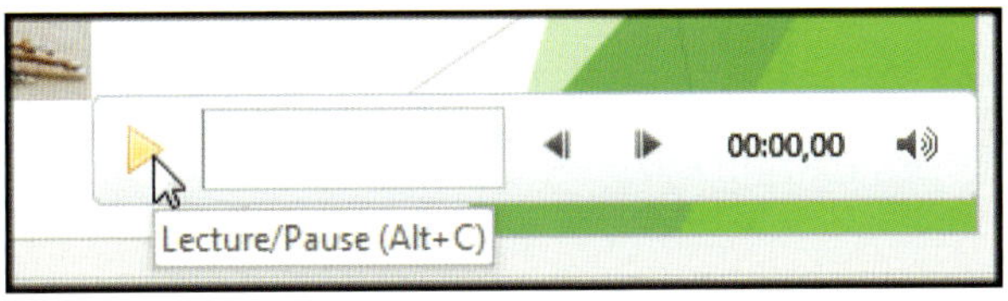

Animer la présentation

Le plus dur est fait, nous arrivons dans la partie la plus ludique et amusante de la création d'une animation. Vous allez choisir les transitions, c'est-à-dire l'effet à appliquer lors du passage d'une diapositive à l'autre, et les animations, c'est-à-dire la façon dans chaque élément de diapositive va s'afficher à l'écran.

Vous allez découvrir dans les TP de cette partie que tout peut être animé : le texte, les images, les graphiques. Mais il ne faut jamais perdre de vue que les animations ne sont là que pour mettre en valeur les principaux éléments de la présentation. Si vous en abusez, elles risquent de détourner l'attention de l'auditoire qui se souviendra des animations au lieu de retenir les informations stratégiques.

TP 26

Choisir une transition

PowerPoint offre un très grand choix de transitions, plus ou moins harmonieuses. Certaines sont assez attrayantes et étonnantes, mais n'en abusez pas. Réservez-les à quelques diapositives quand vous voulez surprendre votre auditoire ou lorsqu'elles sont particulièrement importantes. Pour les diapositives de texte, choisissez de préférence les fondus et les balayages et renoncez aux effets trop voyants. L'important reste le contenu de la présentation.

Prérequis : aucun
Fichier employé : TP26.pptx
Temps de réalisation : 15 minutes

1 Ouvrez le fichier TP26.pptx puis cliquez sur la première diapositive. Sur l'onglet *Animations* (PowerPoint 2007) ou *Transitions*, parcourez la galerie des transitions en cliquant sur chacune d'elles afin d'obtenir un aperçu de l'effet. Développez cette galerie en cliquant sur le bouton *Autres* (coin inférieur droit de la catégorie *Accès à cette diapositive* ou *Transition vers cette diapositive*). La galerie contient plusieurs catégories de transitions. Celles de la ligne supérieure sont les plus « discrètes », les autres sont un peu plus dynamiques. C'est dans cette dernière catégorie que vous allez choisir la transition de la première diapositive. Il faut démarrer la présentation en beauté.

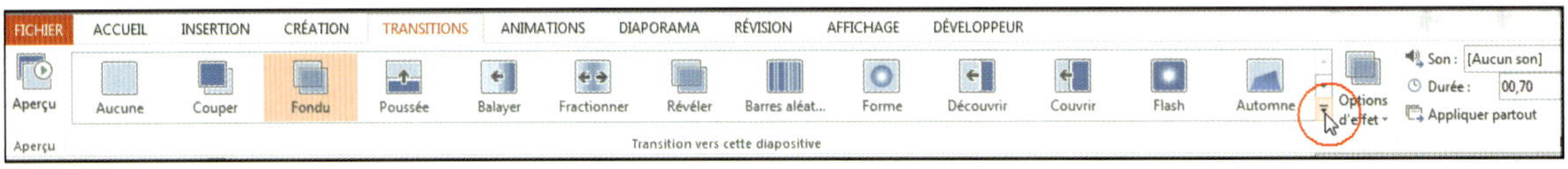

2 Cliquez sur la transition choisie puis cliquez sur le bouton *Options d'effet* pour choisir la direction (ce bouton n'existe pas en version 2007). Ajustez ensuite la durée (ou la vitesse de transition en 2007) si vous avez besoin d'accélérer ou de ralentir la transition par rapport au réglage de base. Vous avez la possibilité d'associer un son à chaque transition en choisissant une option dans la liste déroulante *Son* mais évitez de le faire systématiquement, c'est très fatigant pour l'auditoire.

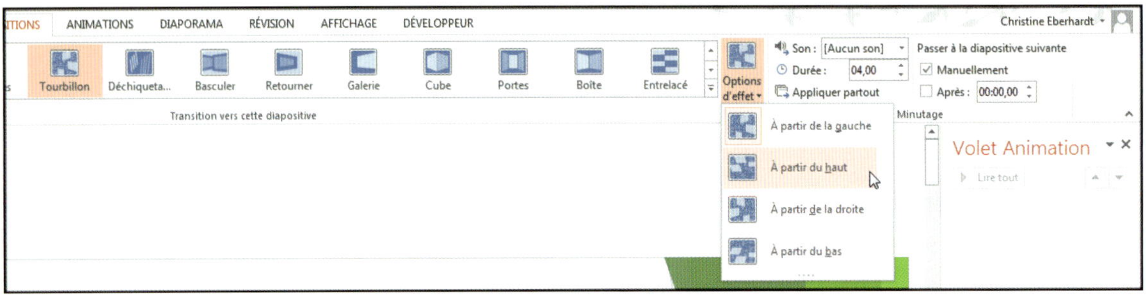

3 Vous devez ensuite choisir comment vous allez passer à la diapositive suivante. Si vous décochez la case *Manuellement*, vous obtiendrez un diaporama autonome ou à exécution automatique. Il va alors défiler sans la moindre intervention de l'orateur ou du lecteur, au rythme que vous aurez défini en enregistrant le minutage (voir TP25) ou en saisissant une durée dans la case (*Automatiquement*) *Après*. Sinon le passage à la diapositive suivante se fera au clic.

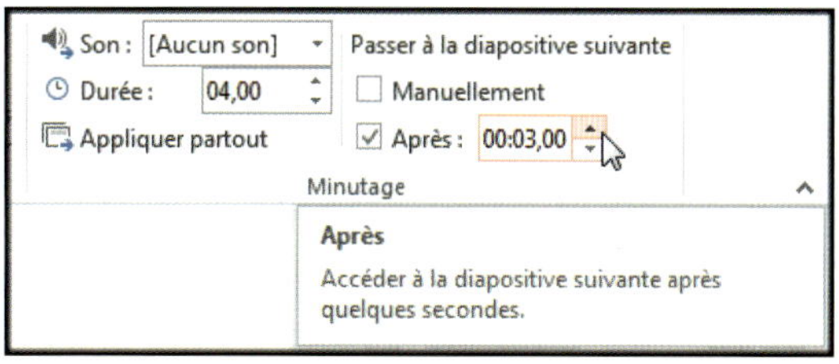

4 Cliquez maintenant sur la diapositive 2 puis sur la diapositive de fin en maintenant la touche *Maj* enfoncée. Toutes les diapositives intermédiaires sont également sélectionnées. Répétez les étapes 1 à 3 pour sélectionner une transition dans la catégorie discrète (fondus et dissolutions) puis pour choisir les options de transition. Vous constatez qu'une étoile s'affiche maintenant à gauche de chaque diapositive dans le volet gauche, signe qu'une transition a été définie pour chacune d'elles. Pour changer la transition d'une diapositive particulière, il suffit de cliquer sur cette dernière puis de cliquer sur une autre transition sur l'onglet *Transition* (*Animations*).

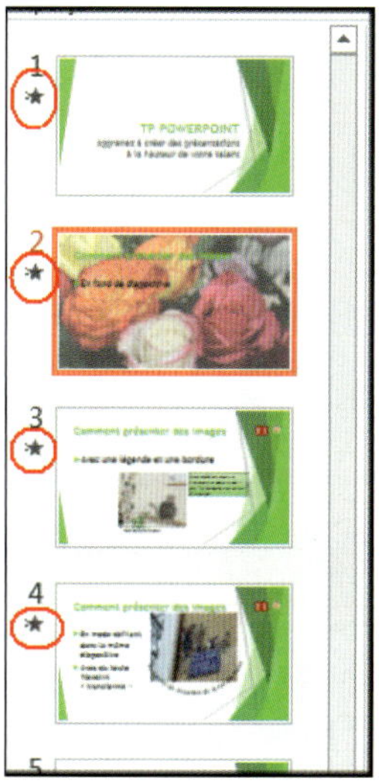

TP 27 Animer le texte

En animant le texte, vous maîtrisez l'affichage du contenu de chaque diapositive et vous avez la possibilité d'associer à l'affichage d'une ligne de texte individuelle l'affichage d'autres éléments comme des images. Cela permet de structurer la présentation et quand il le faut, de ménager le suspense. Le choix de l'animation et sa durée doivent être en rapport avec l'importance du message délivré. Si toutes les diapositives « à texte » sont animées de la même façon, vous gagnerez un temps précieux en animant le texte du masque de diapositive plutôt que celui de chaque diapositive individuellement.

Prérequis : aucun
Fichier employé : TP27.pptx
Temps de réalisation : 20 minutes

1 Ouvrez le fichier TP27.pptx puis cliquez sur le bouton *Masque des diapositives* de l'onglet *Affichage*. Nous allons appliquer l'animation de texte au masque, de sorte que le texte de toutes les diapositives s'en trouve automatiquement animé. Si vous avez uniquement besoin d'animer le texte d'une diapositive particulière, exécutez ce TP sur cette dernière plutôt que sur le masque. Cliquez sur la première diapositive de masque, celle qui est utilisée par toutes les diapositives de la présentation.

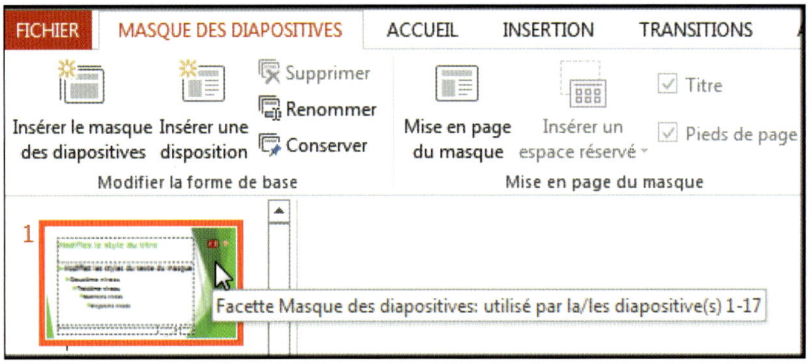

2 Cliquez dans la première zone réservée (celle du titre) et affichez l'onglet *Animations*. PowerPoint 2010 et 2013 proposent une galerie avec de nombreux jeux d'animation que vous ouvrez en cliquant sur le bouton *Autres*. Dans PowerPoint 2007, vous accédez aux animations en cliquant sur le bouton *Animation personnalisée* puis en cliquant sur le menu *Ajouter un effet* dans le volet qui s'ouvre à droite. Les animations sont classées en quatre catégories. Les animations d'apparition (ouverture), qui règlent la façon dont le texte apparaît, les animations d'emphase, qui appliquent un effet sur un élément de la diapositive afin d'attirer l'attention de l'auditoire, les animations de fermeture qui règlent la façon dont les éléments disparaissent de la diapositive et les animations de trajectoire.

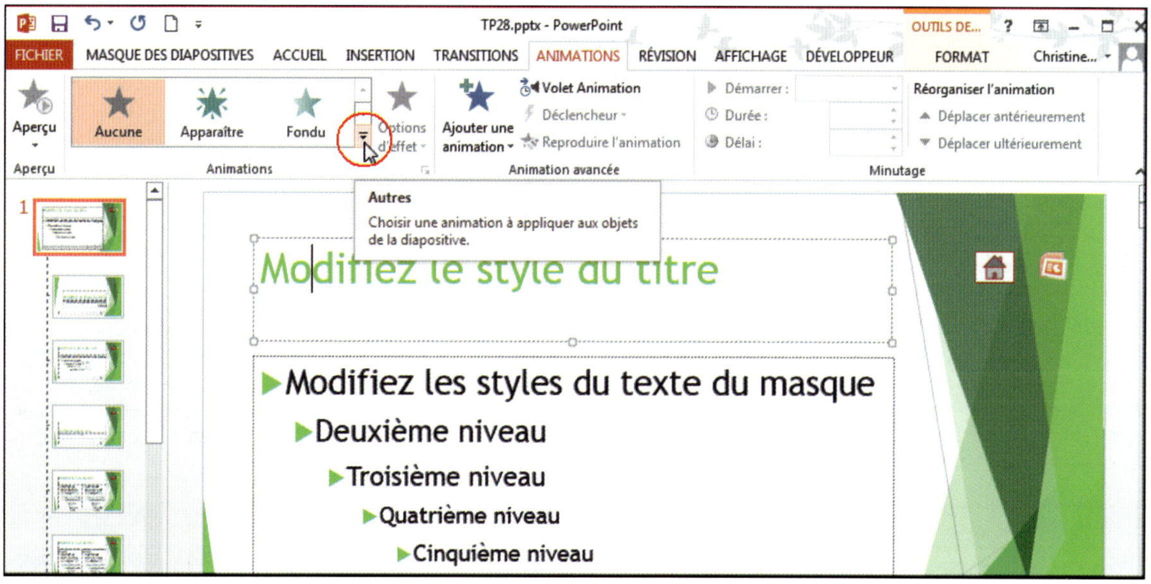

3 Cliquez sur chaque animation pour visualiser l'effet associé puis cliquez sur celle que vous avez retenue. Comme pour les transitions, vous disposez ensuite d'un bouton *Options d'effet* pour préciser éventuellement le sens de l'animation (pour l'animation *Entrée brusque*, par exemple). En 2007, ces options sont proposées dans le volet *Personnaliser l'animation*. Enfin, choisissez une option dans le menu *Démarrer* (*Début*). Si l'animation choisie est une animation d'apparition (ouverture) et que vous conservez l'option *Au clic*, cela signifie que la diapositive va initialement s'afficher sans le titre. Ce dernier apparaîtra seulement après un clic de souris. Une diapositive sans titre n'ayant aucun intérêt, choisissez plutôt une des deux autres options : *Avec* ou *Après la précédente*, c'est-à-dire avec ou tout de suite après l'animation (qui fait partie des animations de diapositive).

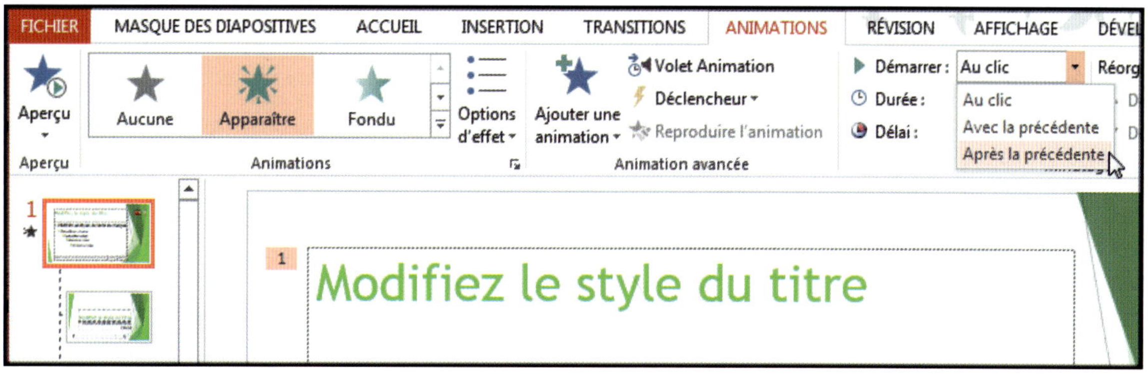

4 Cliquez dans la seconde zone réservée et choisissez une animation comme expliqué à l'étape 1. Vous pouvez conserver cette fois l'option au clic si vous désirez contrôler l'affichage de chaque élément de texte (faites-le pour ce TP). Choisissez une des deux autres options si vous créez une présentation à exécution automatique. Dans le menu du bouton *Options d'effet*, choisissez *Comme un seul objet* si vous désirez que l'ensemble du texte de cette zone s'affiche au premier clic. Sinon, chaque sous-paragraphe s'affichera tour à tour à chaque clic sur la diapositive. Conservez l'option par paragraphe pour ce TP.

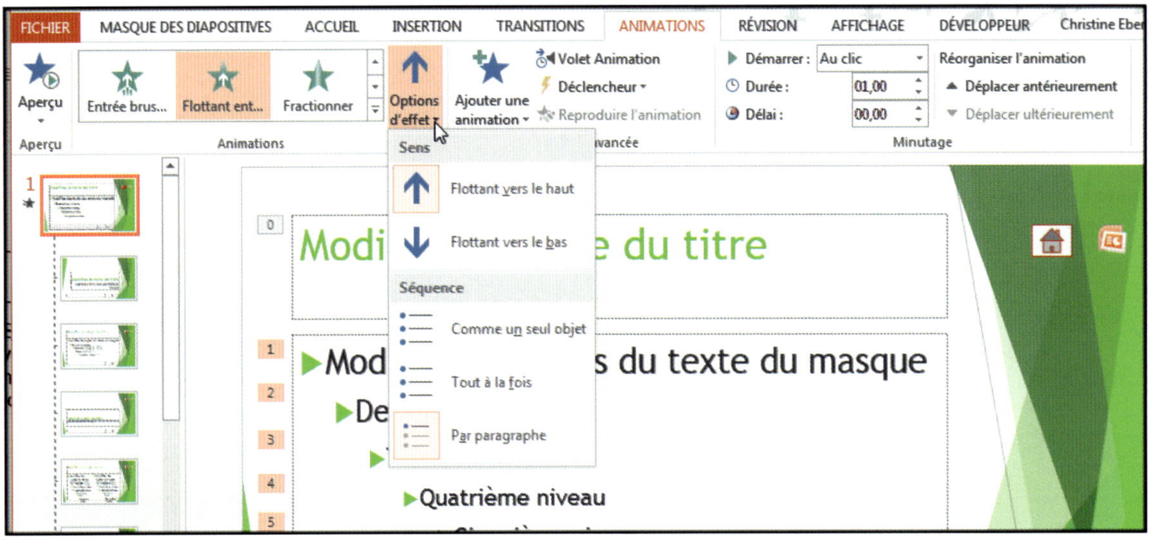

En 2007, le menu *Options d'effet* se trouve dans le volet *Personnaliser l'application*. Cliquez sur la flèche à droite de l'animation de texte dans ce volet et choisissez *Options d'effet*. Dans la fenêtre de l'effet, sur l'onglet *Effet*, choisissez une option dans le menu *Animer le texte*.

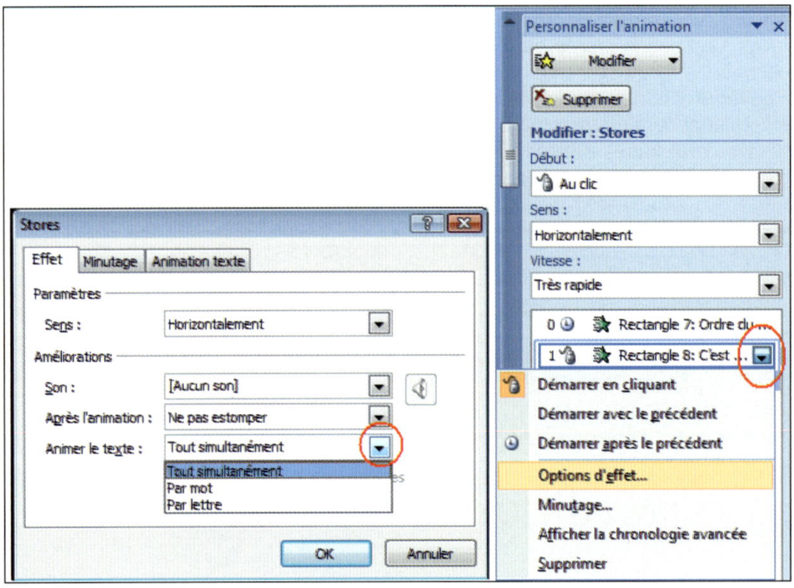

5 Lancez le diaporama pour visualiser les différents effets. Vous allez constater, en particulier, que l'image de la diapositive 5 est animée alors que celles des diapositives 7 et 8 ne le sont pas. C'est parce que la disposition de la diapositive 5 est une image avec légende alors que celles des autres diapositives avec images sont vide ou avec un titre seul. Dans ce cas, l'image ne fait pas « corps » avec la diapositive et le masque n'agit pas sur cette dernière. Imaginons maintenant que l'animation ainsi appliquée automatiquement par le biais du masque ne convienne pas pour une diapositive. Cliquez sur la diapositive 11 puis sur le bouton *Volet Animation* (ou *Animation personnalisée*) de l'onglet *Animations*.

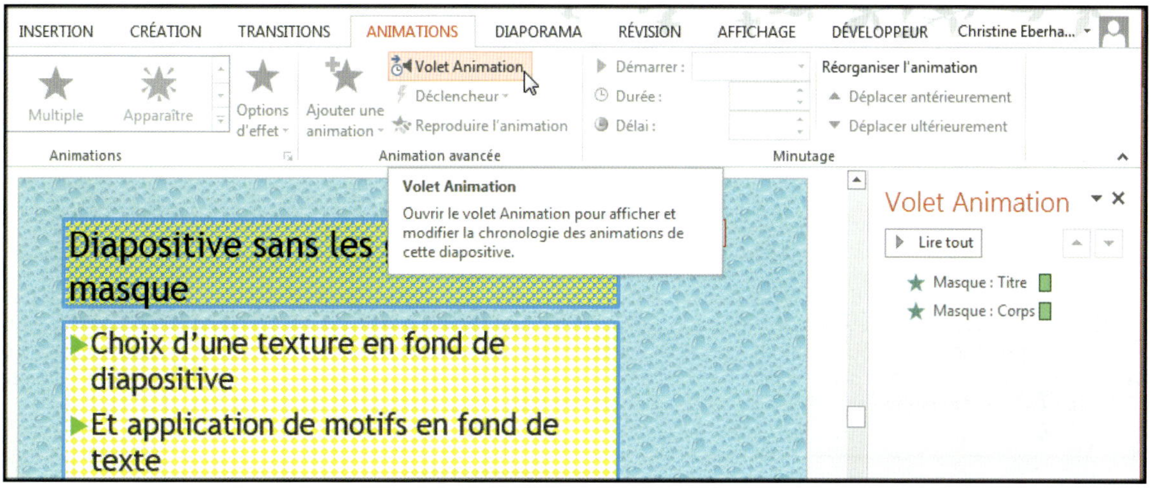

6 Tant que les animations du masque restent en mode « automatique », elles ne sont pas affichées sur la diapositive. Pour les modifier, cliquez sur l'animation concernée dans le volet *Animation* puis sur *Copier les effets sur la diapositive*.

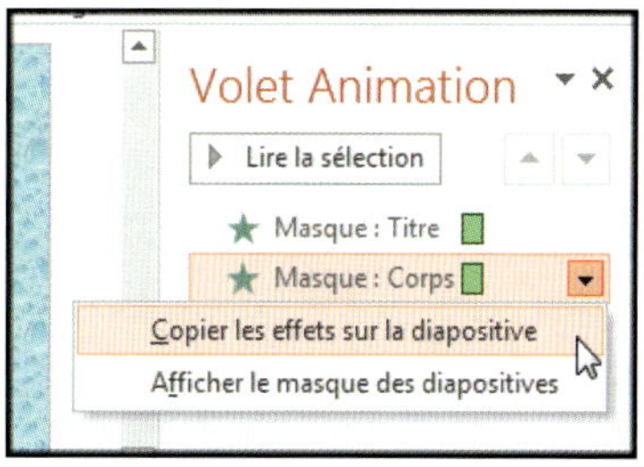

7 Aussitôt, un numéro apparaît devant chaque élément de texte individuel pour matérialiser l'animation associée. À ce stade, les trois phrases s'affichent l'une après l'autre et ont chacune leur animation attitrée. Cliquez sur la flèche de l'animation 2 dans le volet et choisissez *Démarrer après la précédente* de sorte que cette phrase s'affiche automatiquement à la suite de la précédente sans nécessiter de clic supplémentaire. Cliquez sur l'icône *Diaporama* pour contrôler l'effet obtenu. Vous constatez que vous venez de modifier l'animation générale appliquée à l'aide du masque de diapositive.

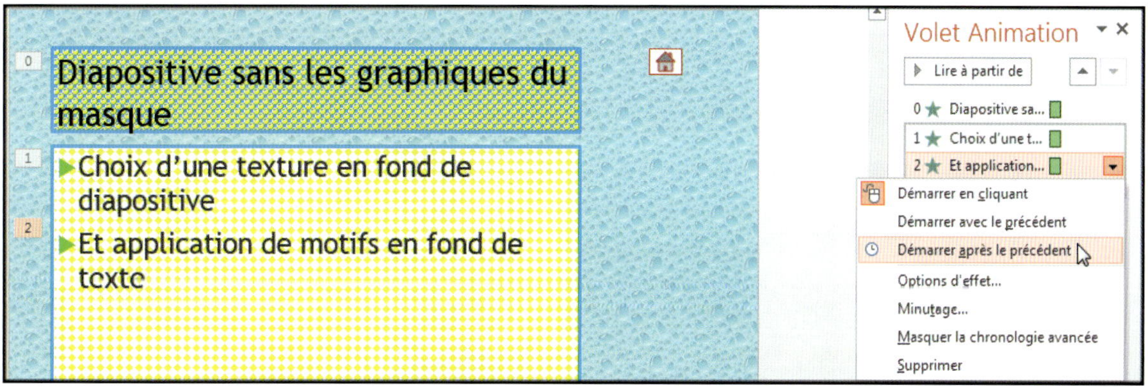

TP 28 Animer des objets ou des images

Si vous créez un diaporama de vos images de vacances, il ne sera pas nécessaire d'animer les images, le choix d'une transition adéquate sera amplement suffisant. Si les images de votre présentation ont au contraire un rôle illustratif et que vous les présentez en appui de certaines actions ou événement, vous aurez besoin de maîtriser le moment de leur apparition dans la diapositive. En animant des images, vous avez aussi la possibilité de simuler un défilement d'images sur la même diapositive.

Prérequis : aucun
Fichier employé : TP28.pptx
Temps de réalisation : 15 minutes

1 Ouvrez le fichier TP28.pptx puis sélectionnez la diapositive 4. Si vous déplacez l'image, vous allez constater qu'une seconde image se trouve en dessous. Pour bien comprendre le mécanisme des animations d'objets, vous allez programmer l'affichage de la première image, puis celui de la seconde. Sur l'onglet *Animations*, cliquez sur *Volet animation* (ou *Animation personnalisée*) pour ouvrir ce dernier puis cliquez sur l'animation *Masque* : *Corps*. Choisissez *Copier les effets sur la diapositive* (en 2007, cette opération n'est pas requise, les animations sont déjà affichées).

2 Cliquez sur l'image puis choisissez une animation d'apparition (ouverture) sur l'onglet *Animations*. Le chiffre 3 s'affiche à gauche de l'image ce qui signifie qu'elle sera affichée à la suite de la dernière phrase de la diapositive. Nous voulons qu'elle s'affiche après la phrase *En mode défilant*... pour illustrer le concept de défilement d'images. Cette animation doit donc se placer entre les animations 1 et 2 actuelles. Affichez ces deux animations en cliquant sur la double flèche sous *Espace réservé*.

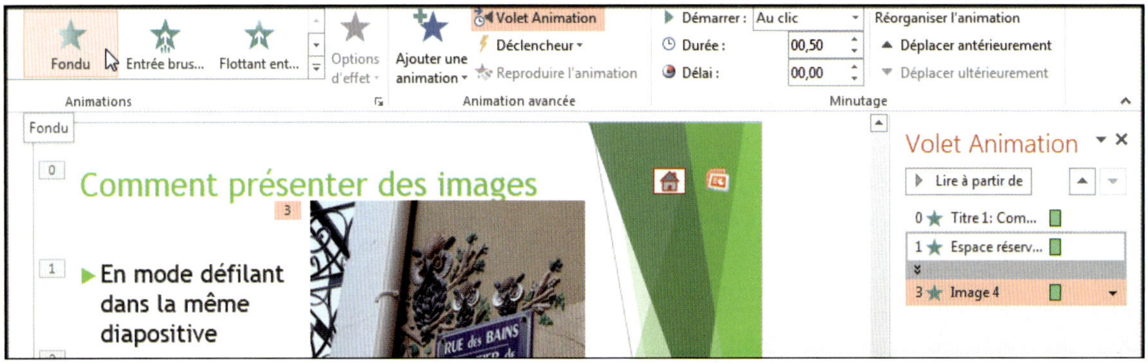

3 Cliquez sur l'animation de l'image dans le volet *Animation* puis cliquez sur *Déplacer antérieurement* sur l'onglet *Animation* (en 2007, vous cliquez sur la flèche *Réorganiser* orientée vers le haut en bas du volet *Animation*). Si vous lancez le diaporama à ce stade, vous allez constater que l'image de la rue Trompeuse et le texte WordArt s'affichent avec la diapositive puisqu'ils n'ont pas encore été animés en ouverture.

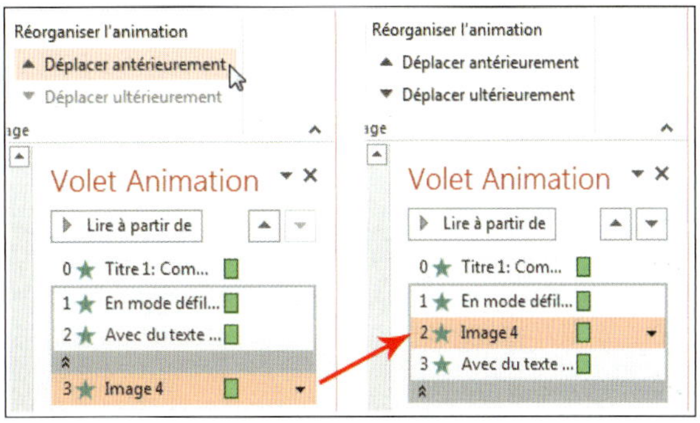

4 Cliquez-droit sur l'image des chouettes et choisissez *Mettre à l'arrière-plan* pour révéler l'image située au-dessous. Cliquez sur cette dernière et appliquez-lui l'animation en ouverture déjà choisie pour la première image. Comme elle est plus petite que cette dernière, elle doit être affichée en premier pour être ensuite recouverte par la seconde. Cliquez deux fois sur *Déplacer antérieurement* pour placer cette animation avant celle de l'image des chouettes.

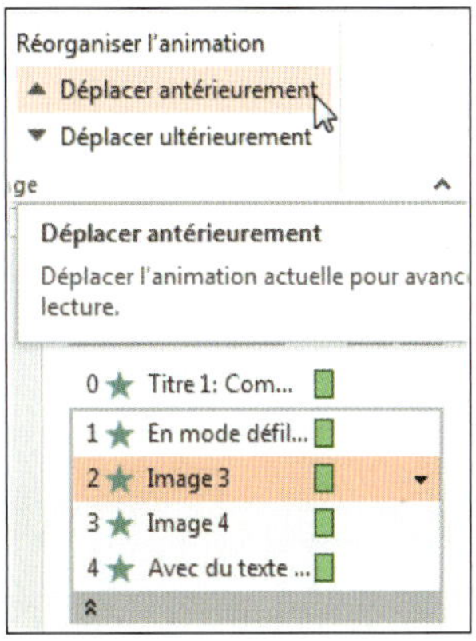

5 Cliquez maintenant sur le texte WordArt qui doit s'afficher à la suite de l'image des chouettes (Image 4). Appliquez-lui une animation d'apparition (ouverture) puis positionnez cette animation sous celle de l'image 4 c'est-à-dire juste avant celle de la dernière phrase. Sur la diapositive, vous devriez maintenant être en mesure de déterminer l'ordre d'affichage des différents éléments grâce au numéro d'ordre affiché dans le coin supérieur gauche de chacun d'eux. Cliquez droit sur l'image de la rue Trompeuse et choisissez *Mettre à l'arrière-plan* pour la replacer derrière celle des chouettes. Lancez le diaporama pour contrôler l'effet de défilement des images.

TP 29 Insérer une animation GIF

Une animation GIF est une image clipart animée. Vous ne pouvez pas voir l'animation lorsque vous l'insérez sur la diapositive ; il faut lancer le diaporama pour voir le mouvement. S'il ne se passe rien, c'est que l'animation n'a pas été programmée en boucle. Vous insérez une animation GIF comme vous le feriez avec n'importe quel autre format graphique. Si cette animation représente quelque chose qui est censé se déplacer, comme un cycliste qui pédale sur son vélo, combinez-la avec une animation de déplacement comme expliqué au TP V (voir les compléments en ligne).

Prérequis : aucun
Fichier employé : TP29.pptx
Temps de réalisation : 15 minutes

1 Ouvrez le fichier TP29.pptx puis choisissez une disposition *Titre et contenu* sur l'onglet *Accueil* pour la diapositive. Cliquez ensuite sur l'icône *Images en ligne* ou *Image clipart*.

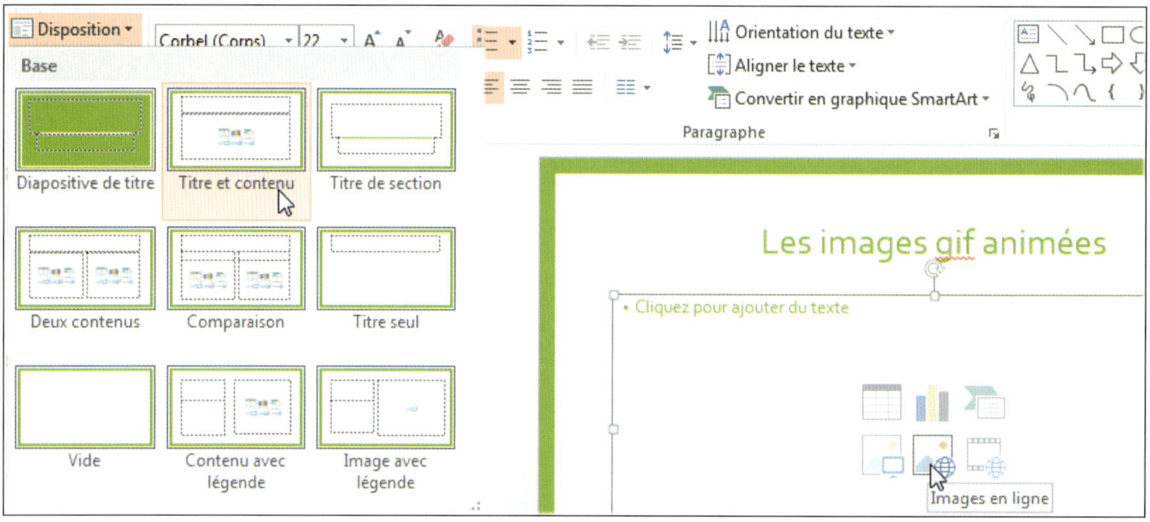

2 Si vous travaillez avec PowerPoint 2007 ou 2010, saisissez un mot-clé dans le champ *Rechercher*, cochez uniquement la case *Gif animé* (ou *Vidéos*) dans la catégorie *Film* des types de fichiers multimédias sélectionnés puis cliquez sur *OK*. Sinon, saisissez les mots-clés *gif animé* suivis d'un thème dans le champ *Rechercher* sur *Bing* (ou dans la page de votre navigateur Web favori) puis cliquez sur la loupe.

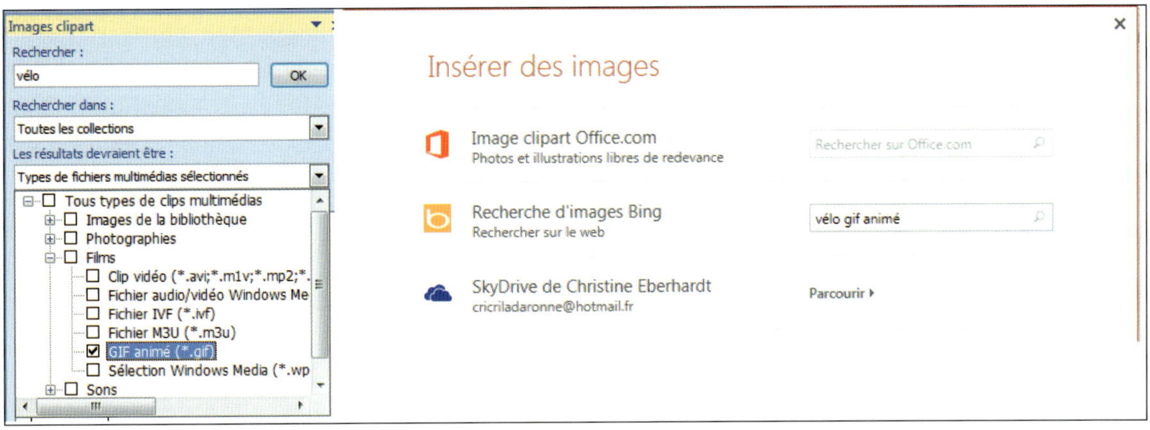

3 Cliquez sur l'image choisie puis sur le bouton *Insérer*. Elle s'affiche dans la diapositive. Lancez le diaporama pour visualiser l'animation.

TP 30 Masquer un objet après son animation

Si une diapositive comporte plusieurs paragraphes et qu'un objet/image doit illustrer chacun d'eux, par exemple, vous pouvez tenter de tout afficher en même temps mais il faudra réduire leur taille. L'autre solution consiste à afficher chaque objet l'un après l'autre ou pendant le temps que vous aurez choisi. La « disparition » d'un objet s'obtient en lui appliquant une animation de fermeture.

Prérequis : TP28
Fichier employé : TP30.pptx
Temps de réalisation : 10 minutes

1 Ouvrez le fichier TP30.pptx puis sélectionnez la diapositive 2. Nous allons faire apparaître puis disparaître la bulle au-dessus du bébé. Cliquez sur cette dernière, sur l'onglet *Animations* puis choisissez une animation d'apparition (ouverture) sans déplacement (la bulle doit apparaître à sa place puis disparaître de la même façon). L'animation *Fondu* ou *Estomper* est très bien. Dans le champ *Durée*, saisissez une valeur un peu longue (vitesse lente en 2007). Dès que vous attribuez une animation à l'objet, un numéro s'affiche dans le coin supérieur gauche de ce dernier.

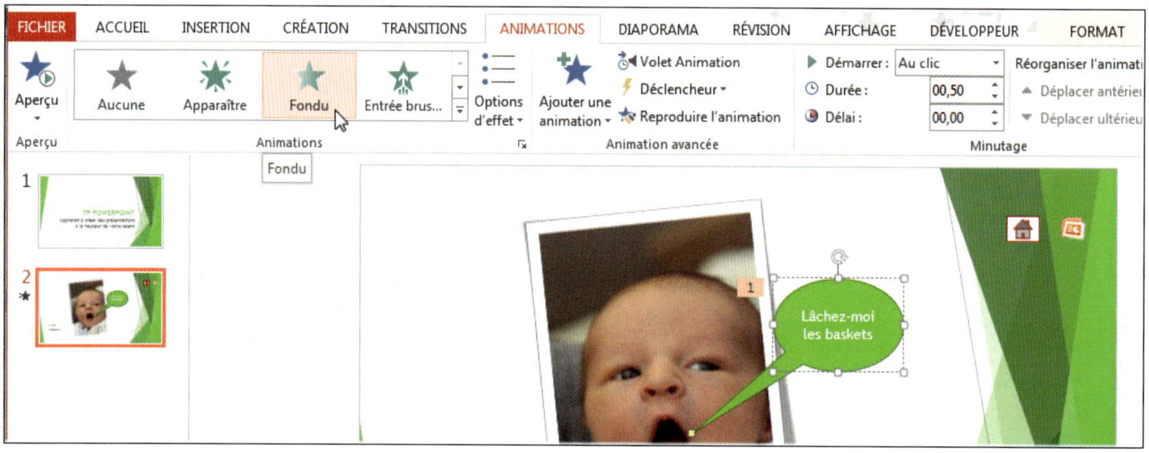

2 Cliquez sur le bouton *Ajouter une animation* (ou sur le bouton *Ajouter un effet* du volet *Personnaliser l'animation* de 2007) et choisissez une animation de fermeture (la même de préférence). Choisissez la même durée que la première et l'option *Après la précédente* dans le menu *Démarrer*.

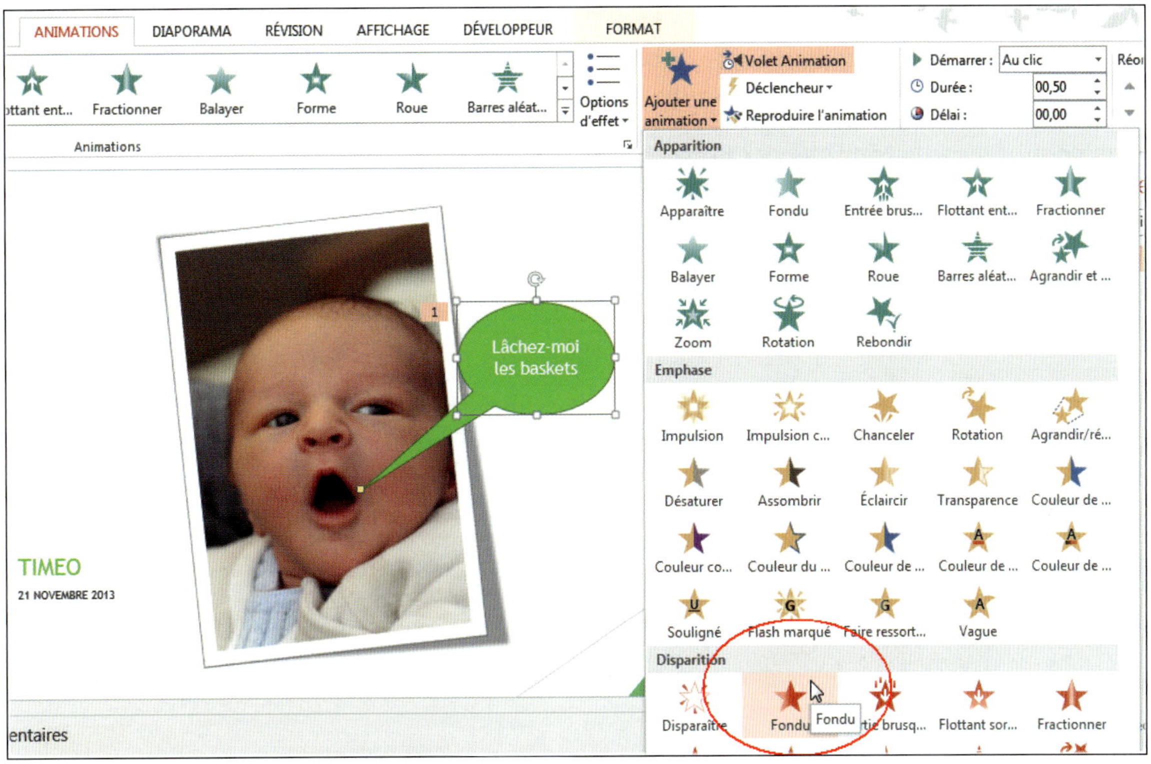

3 Il faut maintenant programmer un délai de sorte que la bulle reste affichée suffisamment longtemps pour être lue ! Dans le volet *Animation*, cliquez sur la flèche de l'animation de fermeture et choisissez *Minutage*. Sur l'onglet *Minutage* de la fenêtre de l'animation, saisissez un délai d'une seconde, puis lancez le diaporama pour vérifier les options de minutage.

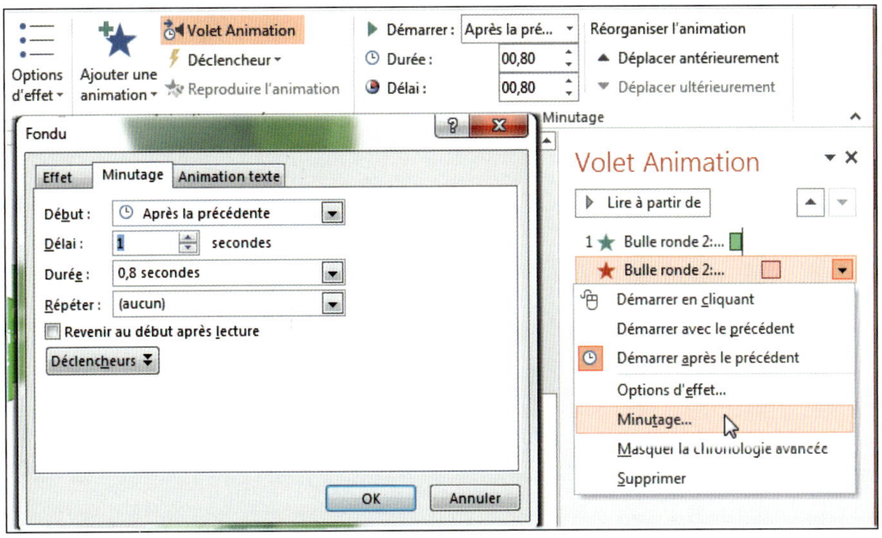

TP 31 Animer un graphique

Un graphique représente sous forme de barres, de secteurs ou de courbes, les valeurs de plusieurs séries de données. Animer un graphique consiste à contrôler l'affichage de ce dernier en affichant les données les unes après les autres par série ou par catégorie. Ce TP explique comment appliquer l'animation dans sa version standard et comment aller plus loin en personnalisant le regroupement de certaines données. Cette technique peut aussi être appliquée à un tableau que vous pourriez alors afficher ligne par ligne.

Prérequis : aucun
Fichier employé : TP31.pptx
Temps de réalisation : 10 minutes

1 Ouvrez le fichier TP31.pptx puis cliquez sur le graphique secteur de la première diapositive. Affichez l'onglet *Animations*, cliquez sur le bouton *Volet Animation* ou *Animation personnalisée*, puis choisissez une animation d'apparition dans la galerie de l'onglet ou dans le menu *Ajouter un effet* (2007). Dans le champ *Démarrer* ou *Début*, choisissez *Après la précédente* de sorte que la diapositive ne s'affiche pas complètement vide au début mais au moins avec le fond et le titre du graphique.

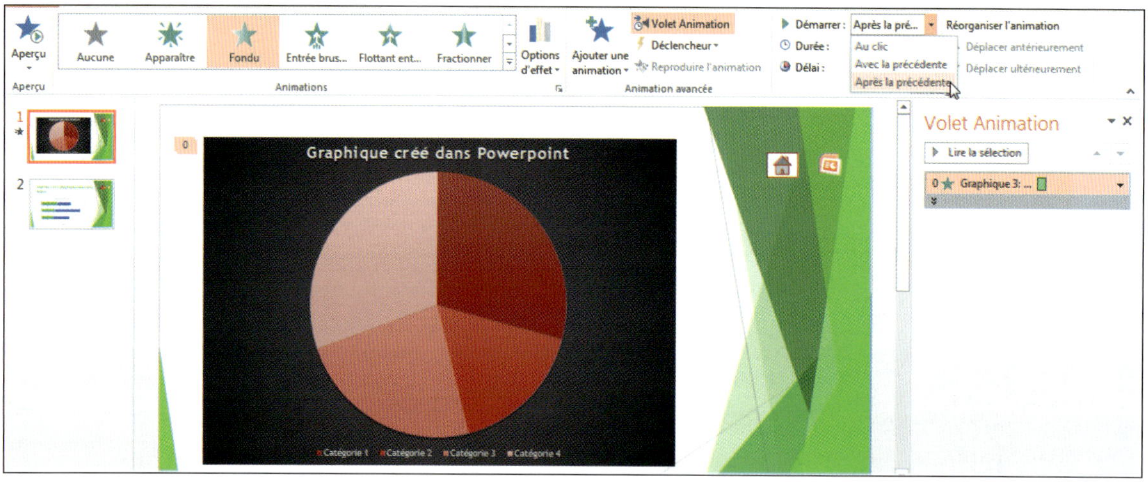

2 Cliquez sur la flèche de l'animation dans le volet latéral et choisissez *Options d'effet*. Dans la fenêtre de l'animation, activez l'onglet *Animation du graphique*, choisissez *Par catégorie* dans la liste déroulante puis cliquez sur *OK*. Lancez le diaporama pour visualiser l'effet. Vous constatez que les secteurs s'affichent automatiquement les uns après les autres.

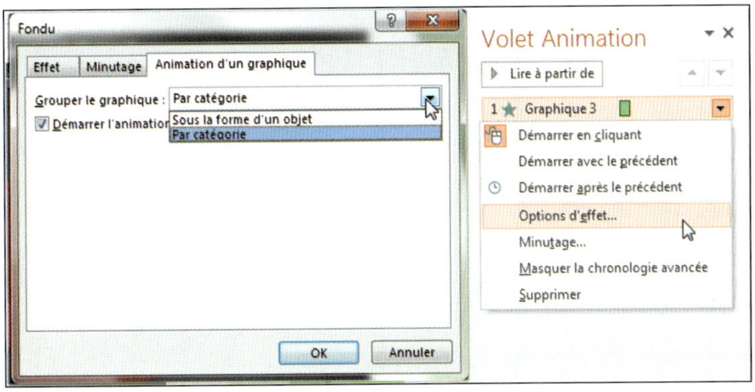

3 L'intérêt de l'animation du graphique, c'est de contrôler au clic l'affichage des séries de sorte de pouvoir commenter chacune d'elles. Cliquez sur la double flèche sous l'animation dans le volet latéral pour développer cette dernière et choisir les options d'affichage de chaque secteur. La première ligne correspond à l'arrière-plan du graphique que nous conservons en déclenchement *Après la précédente*. La deuxième ligne correspond à l'affichage de la première catégorie de données comme l'indique l'info-bulle qui s'affiche lorsque vous positionnez le pointeur au-dessus.

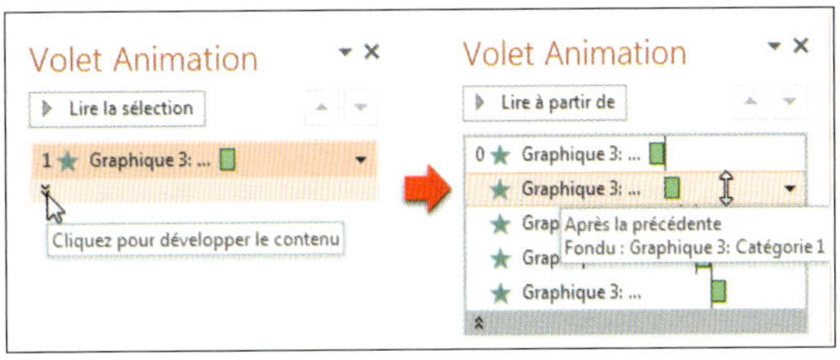

4 Cliquez sur l'animation de la catégorie 1 pour la sélectionner puis cliquez sur la dernière en maintenant la touche *Maj* enfoncée. Choisissez ensuite l'option *Au clic* dans le champ *Démarrer* ou *Début*. Toutes les animations de secteur étant sélectionnées, cette option leur est automatiquement appliquée. Testez en lançant le diaporama.

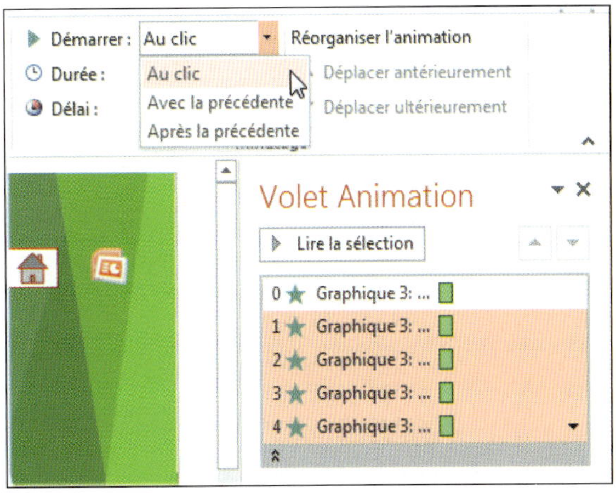

5 Cliquez maintenant sur la diapositive 2 et répétez l'étape 1 sur le graphique à barres empilées. Dans ce graphique, nous allons animer non seulement les barres catégorie par catégorie mais aussi les séries dans chaque catégorie. Répétez l'étape 2 et choisissez *Par élément dans les séries* dans la liste déroulante puis cliquez sur *OK*. Lancez le diaporama pour visualiser l'effet. Vous constatez que les éléments de la première série s'affichent l'un après l'autre, puis ceux de la seconde série.

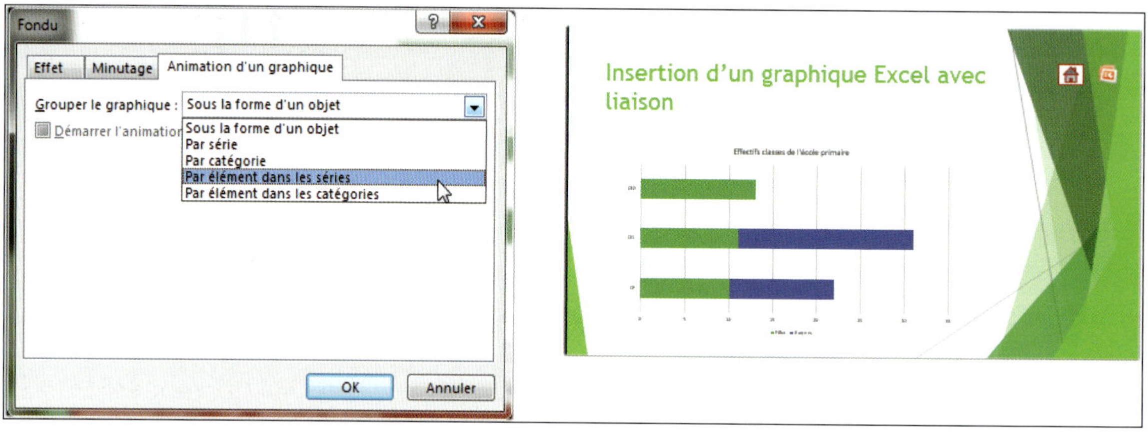

TP 32 Ajouter du son à une transition

L'ajout d'un son à chaque transition d'une présentation ou d'un diaporama est à éviter absolument, mais vous pouvez l'envisager ponctuellement pour réveiller l'auditoire, introduire une diapositive particulièrement importante, instaurer un certain suspense, ajouter une note humoristique, etc. Attention pour une transition, le fichier son doit être au format .wav, si vous ne trouvez pas votre bonheur dans la bibliothèque de Microsoft.

Prérequis : aucun
Fichier employé : TP32.pptx
Temps de réalisation : 5 minutes

1 Ouvrez le fichier TP32.pptx. Il contient trois diapositives illustrant différents effets d'images expliqués dans les TP précédents. Nous allons ajouter un son à la transition de la dernière consacrée aux images Gif animées. Pour commencer, choisissez une transition sur l'onglet *Transitions* (ou *Animations* en 2007) et cliquez sur *Appliquer partout* pour l'appliquer à toutes les diapositives. L'étoile caractéristique de la présence d'une transition apparaît à gauche de chaque miniature dans le volet latéral gauche.

2 Cliquez sur la diapositive 4 puis sur le menu déroulant *Son* (ou *Son de transition*) du ruban. Choisissez un son dans la liste ou cliquez sur *Autre son* pour insérer un fichier son que vous auriez enregistré ou téléchargé. Le TP 23 vous explique comment télécharger des fichiers son. Vous pouvez insérer le fichier CARHORN.WAV fourni avec les fichiers d'exercices et téléchargé à partir du site www.fxmania.eu.org.

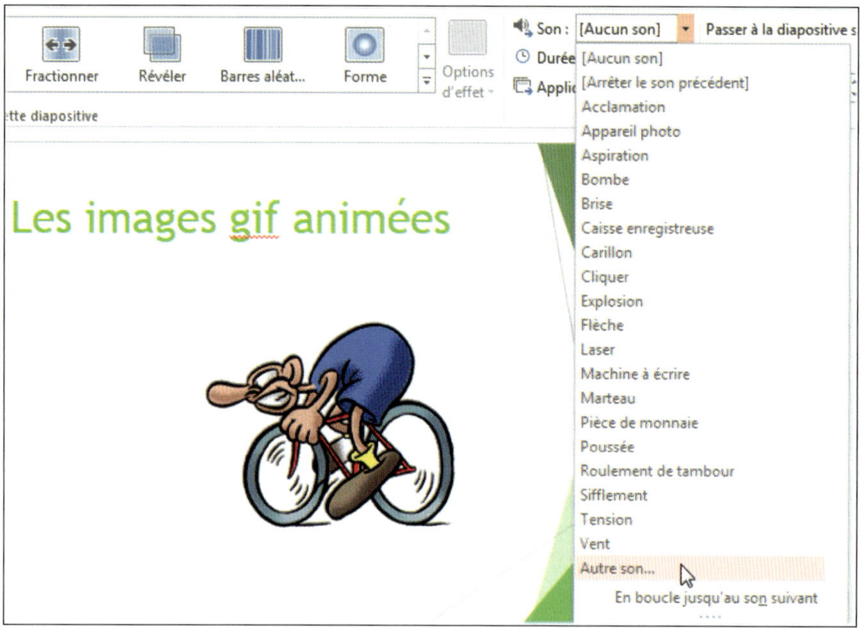

Dérouler la présentation

La création des diapositives du diaporama est terminée, il reste à roder votre prestation ou à régler tous les détails de défilement s'il s'agit d'une présentation en exécution automatique. Vous allez découvrir dans cette partie les outils dont dispose le présentateur pour mener à bien et contrôler tous les aspects du déroulement de la présentation.

Vous allez aussi apprendre à créer un diaporama contrôlé au clic ou entièrement automatisé, mais attention. Si ce dernier comporte des diapositives à lire ou même s'il s'agit de photos, nous n'avons pas tous les mêmes habitudes de lecture et ce type de diaporama risque d'être ennuyeux pour ceux qui auront l'impression de toujours « attendre » la diapositive suivante, alors que d'autres n'auront pas le temps de tout lire ou comprendre.

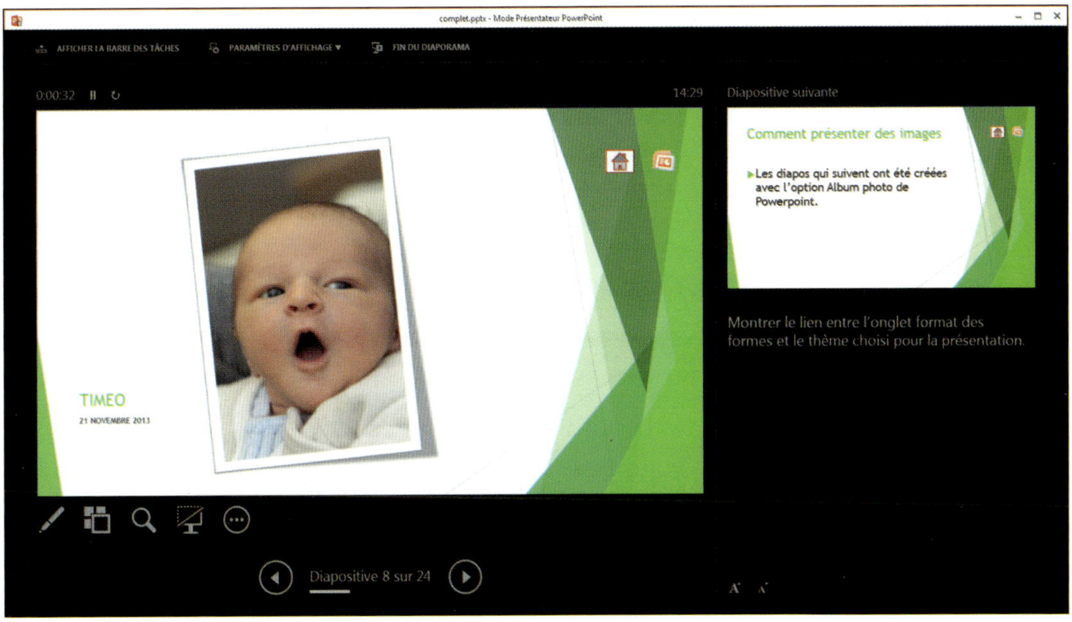

TP 33 Le mode présentateur et les commentaires

Le mode *Présentateur* permet d'afficher une présentation avec les commentaires du présentateur sur l'écran d'un ordinateur pendant que l'auditoire visualise la présentation sans les commentaires sur un autre écran ou par l'intermédiaire d'un vidéo-projecteur branché sur le même ordinateur. PowerPoint détecte automatiquement la présence des deux affichages. Celui du présentateur est conçu pour qu'il puisse facilement diriger les opérations, grâce à des boutons et icônes simples d'emploi et de grande taille.

Prérequis : aucun
Fichier employé : TPcomplet.pptx
Temps de réalisation : 15 minutes

1 Ouvrez le fichier TPcomplet.pptx comme exemple de présentation (ou votre propre présentation) puis affichez l'onglet *Diaporama*. Dans le groupe *Moniteurs*, cochez la case *Utiliser le mode Présentateur*.

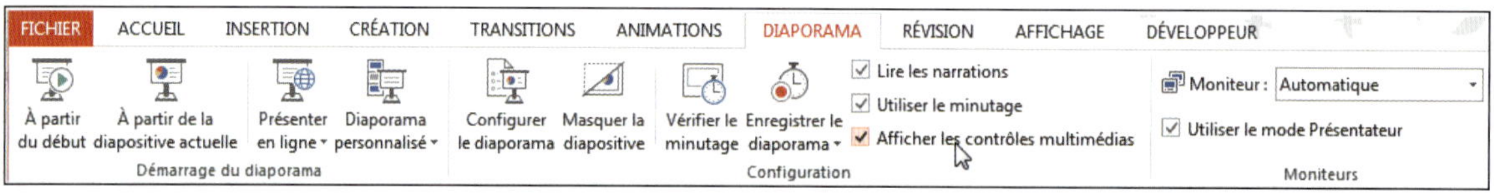

2 Si l'ordinateur n'est pas encore configuré pour afficher sur les deux écrans, ouvrez la boîte de dialogue *Résolution d'écran* du panneau de configuration de Windows. Dans le menu *Affichages multiples* (ou *Affichage*), choisissez *Étendre ces affichages* puis cliquez sur *Appliquer* (Windows 7 et au-delà). Si le second moniteur est en grisé, cliquez dessus puis cochez la case *Étendre le Bureau Windows à ce moniteur* (Windows Vista).

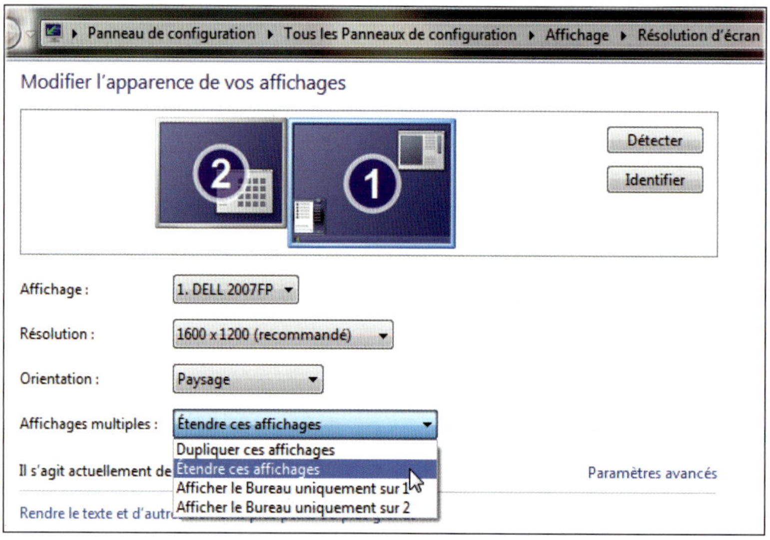

3 Pour lancer la présentation sur les deux écrans, cliquez sur le bouton *Configurer le diaporama* dans le groupe *Configuration* de l'onglet *Diaporama*. Dans la boîte de dialogue *Paramètres du diaporama*, sélectionnez les options désirées, puis cliquez sur OK. C'est dans cette boîte de dialogue que vous réglez la couleur du stylet et celle du pointeur laser.

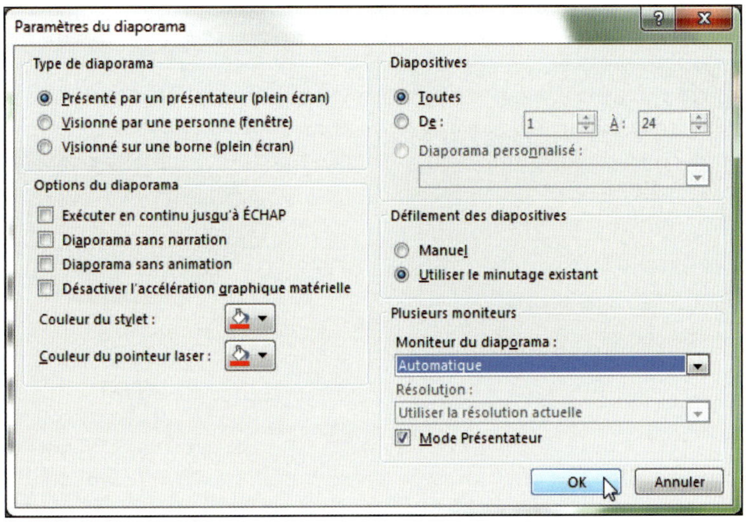

4 Cliquez sur la diapositive 8 qui contient des commentaires. Ceux-ci ont été créés en cliquant simplement dans la zone qui leur est réservée sous la diapositive. Lancez le diaporama. L'écran du présentateur affiche le numéro de la diapositive en cours (en bas), la diapositive actuellement présentée (au centre), la diapositive suivante (en haut à droite) avec les commentaires en dessous, les outils (sous la diapositive) et un accès à la barre des tâches (pour lancer d'autres programmes en cours de présentation) et aux paramètres d'affichage (dans le haut de l'écran). Vous pouvez même contrôler le *timing* en surveillant le temps écoulé depuis le début de la présentation (au-dessus de la diapositive à gauche). L'heure de début de la présentation est affichée à droite.

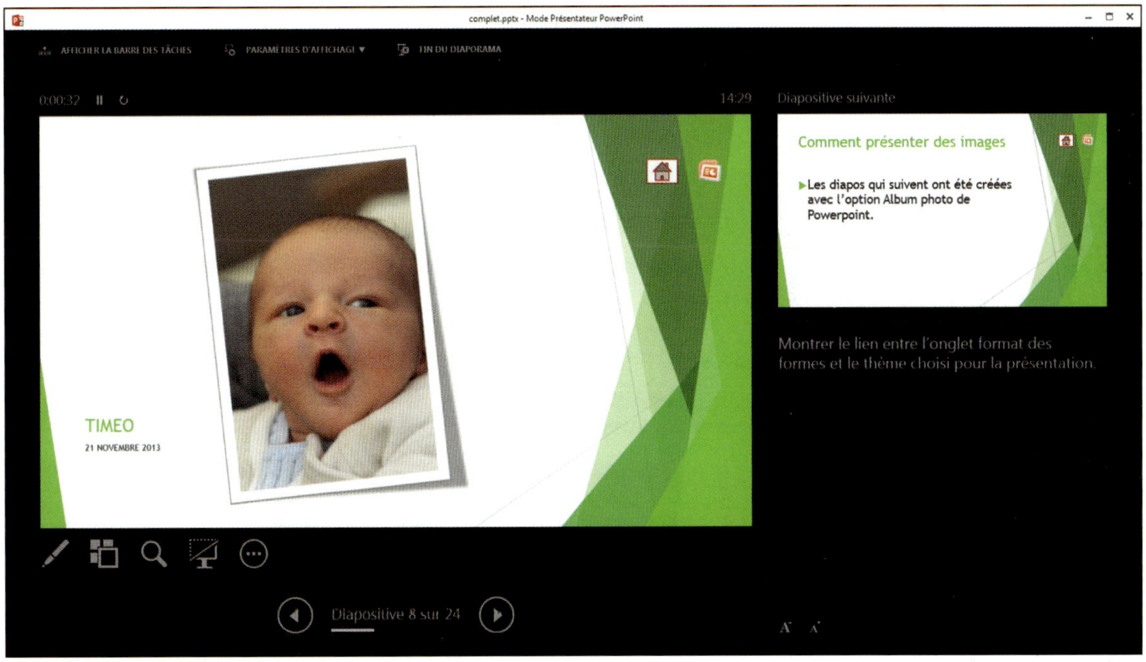

5 Cliquez sur l'icône en forme de stylet dans les outils pour transformer le pointeur en : *Pointeur laser*, en *Stylet* à partir duquel vous pouvez tracer des lignes et des formes sur la diapositive, en *Surligneur* pour colorer certains mots comme avec un Stabilo ou en *Gomme* pour effacer les traces d'outils. Cliquez sur *Supprimer toutes les entrées manuscrites sur la diapositive* pour la restituer dans son état initial, sinon elle conserve les marques même lorsque vous passez à la diapositive suivante.

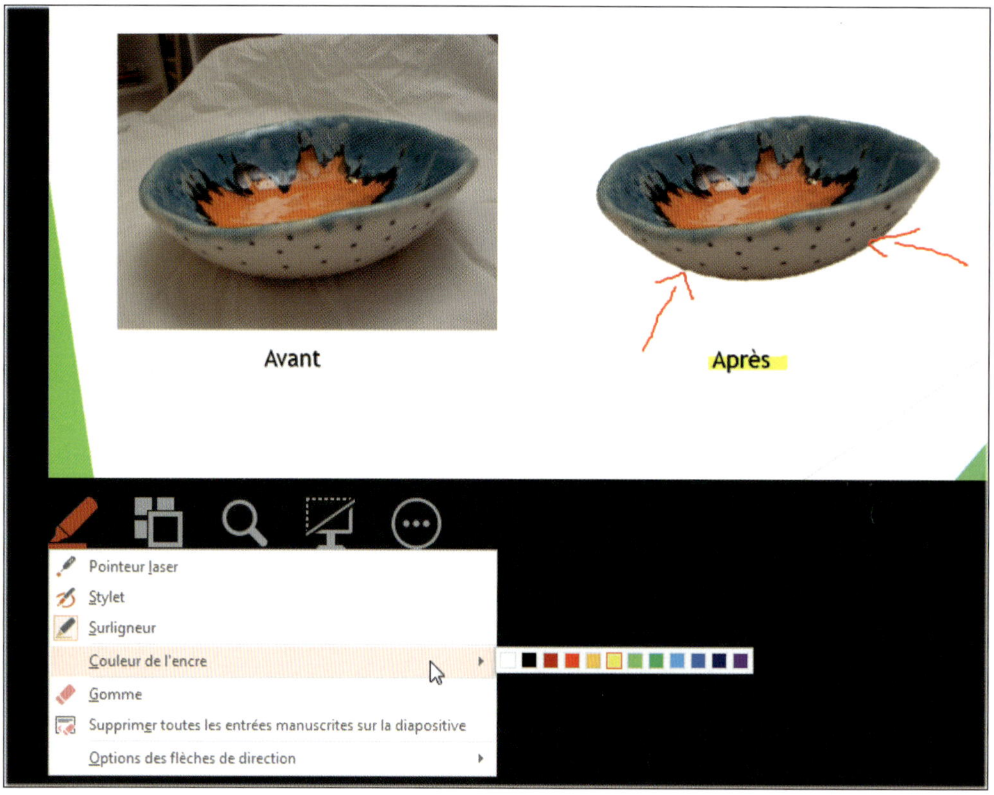

6 Cliquez sur *Afficher toutes les diapositives* pour afficher le diaporama en mode trieuse et choisir une autre diapositive que la suivante à afficher. Le diaporama reprend à la diapositive sur laquelle vous allez cliquer.

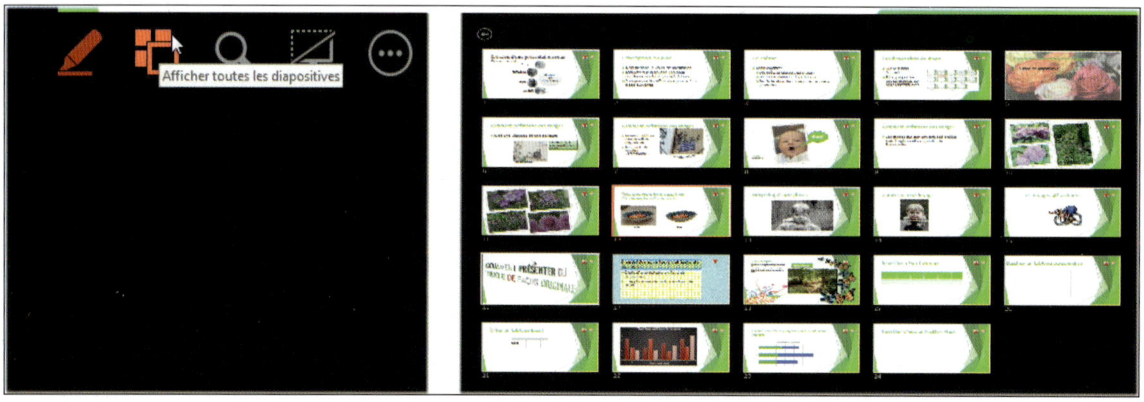

7 Lorsque vous cliquez sur l'outil *Zoom* dans la diapositive, un rectangle s'affiche sur l'écran qui se déplace avec le pointeur de la souris. Dès que vous allez cliquer, c'est le contenu de ce rectangle qui va couvrir tout l'écran. Le bouton suivant (en forme d'écran partagé en deux) sert à suspendre temporairement puis à reprendre l'affichage des diapositives, pendant une pause par exemple.

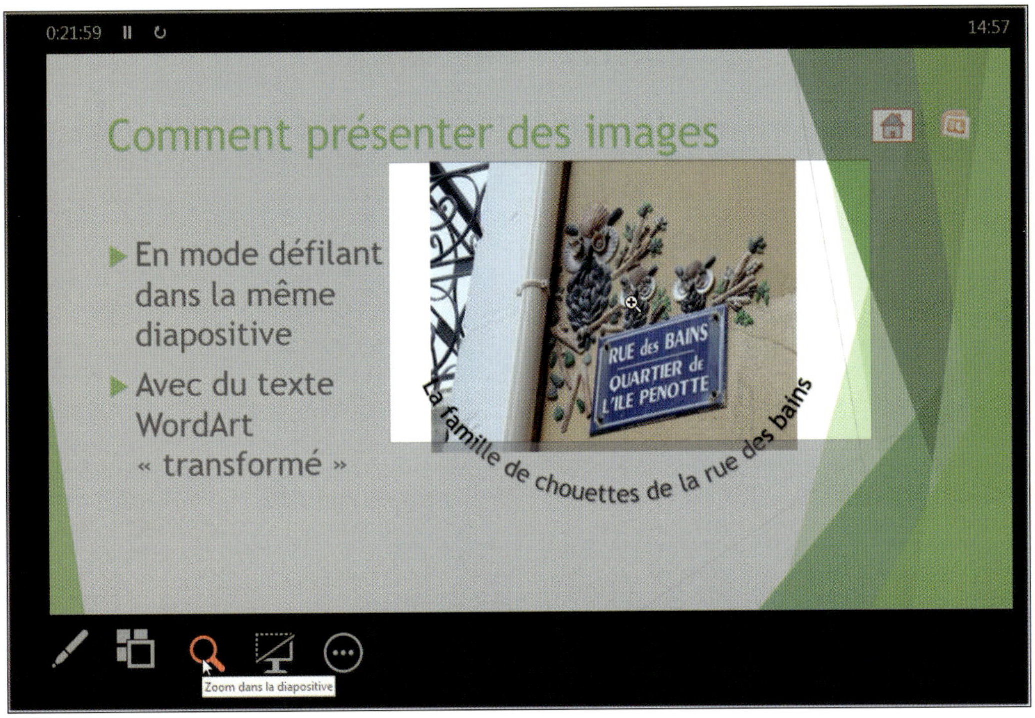

8 Pour terminer avec la présentation de cette interface du présentateur, vous disposez de deux boutons *Augmenter* et *Diminuer la taille* pour le texte affiché dans la zone des commentaires. Ces boutons n'altèrent pas la taille du texte dans la diapositive.

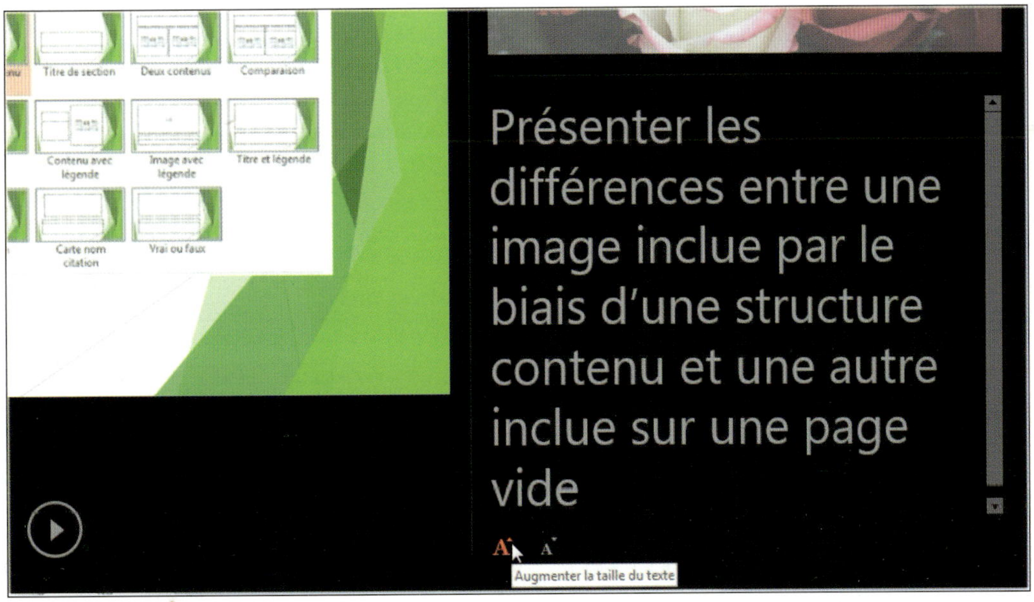

DÉROULER LA PRÉSENTATION

TP 34 Transformer son smartphone ou sa tablette en télécommande

Si vous souhaitez vous rapprocher de votre auditoire, vous pouvez transformer votre smartphone ou votre tablette en télécommande PowerPoint. Vous serez ainsi en mesure de faire avancer les diapositives ou d'accéder à distance aux commentaires associés. Il existe plusieurs applications gratuites pour mener à bien cette opération. Ce TP présente l'application *Remote mouse* disponible sur le site de Google Play mais le principe sera le même avec toute autre application. Cette application est compatible avec les appareils Mac OS 10,5+, Windows 8/7/XP/Vista, iPhone, iPod touch, iPad, Android et Windows Phone.

Prérequis : aucun
Fichier employé : n'importe quelle présentation des TP
Temps de réalisation : 20 minutes

1 Commencez par télécharger l'application gratuite *Remote mouse* sur votre téléphone portable. Pour connecter ce dernier à l'ordinateur, vous devez aussi télécharger et installer le programme *Remote Mouse* sur votre ordinateur. Rendez-vous sur le site www.remotemouse.net et cliquez sur l'icône correspondant à votre ordinateur pour télécharger l'application. Exécutez le fichier Remotemouse.exe pour finaliser l'installation et lancer l'application. Attention, ne cherchez pas de fenêtre visible, l'application *Remote mouse* s'exécute en arrière-plan. Si vous cliquez sur *Remote mouse* dans votre liste de programmes, une boîte de dialogue va afficher le message « Error, already running » (erreur, déjà en cours d'exécution).

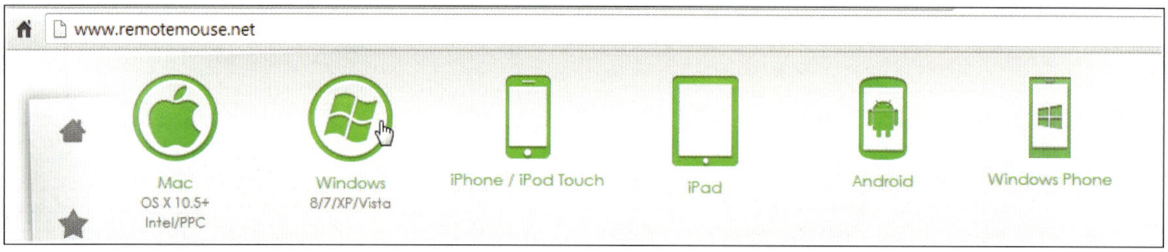

2 Assurez-vous que le Wi-Fi est bien activé sur votre téléphone et qu'il est connecté sur le même réseau que l'ordinateur (l'ordinateur n'a pas besoin d'être forcément connecté en Wi-Fi, il suffit qu'il soit connecté à la box d'accès Internet qui génère le Wi-Fi). Démarrez *Remote mouse* sur le téléphone et cliquez sur le bouton *Auto connect* ou *Start*. Vous contrôlez aussitôt l'ordinateur à partir du téléphone. Pour contrôler PowerPoint, cliquez sur l'icône en forme d'écran au milieu puis sur celle de PowerPoint sur l'écran du téléphone. Faites glisser un doigt sur l'écran du téléphone pour bouger la souris, tapez avec un doigt pour cliquer-gauche, tapez avec deux doigts pour simuler le clic-droit, et faites glisser deux doigts pour simuler l'utilisation de la roulette de souris côté ordinateur.

TP 35 Imprimer les commentaires d'une présentation

Lorsque vous imprimez une présentation, vous pouvez choisir d'imprimer uniquement les diapositives en choisissant le nombre de diapositives présentées par page, ou d'imprimer les pages de commentaires avec ou sans les diapositives, soit pour votre usage personnel pendant que vous effectuerez la présentation, soit pour distribuer comme documents à votre assistance. Ce TP explique comment créer et mettre en forme les pages de commentaires au moyen de couleurs, de formes, de graphiques et d'options de disposition.

Prérequis : aucun
Fichier employé : TP35.pptx
Temps de réalisation : 5 minutes

1 Ouvrez le fichier TP35.pptx puis cliquez sur le menu *Fichier, Imprimer* (puis *Aperçu avant impression* dans PowerPoint 2007). Ouvrez le menu *Diapositives* et cliquez sur *Pages de commentaires.*

2 Pour spécifier l'orientation de la page, cliquez ensuite sur le bouton *Orientation* et choisissez *Portrait* ou *Paysage*. Pour définir des en-têtes et des pieds de page, dans la barre d'outils *Aperçu avant impression* de PowerPoint 2007, cliquez sur *Options*, puis sur *En-tête et pied de page*. Sinon cliquez sur le lien *Modifier l'en-tête et le pied de page* puis remplissez la boîte de dialogue *En-tête et pied de page* comme indiqué. Cliquez sur *Appliquez partout* puis sur le bouton *Imprimer*.

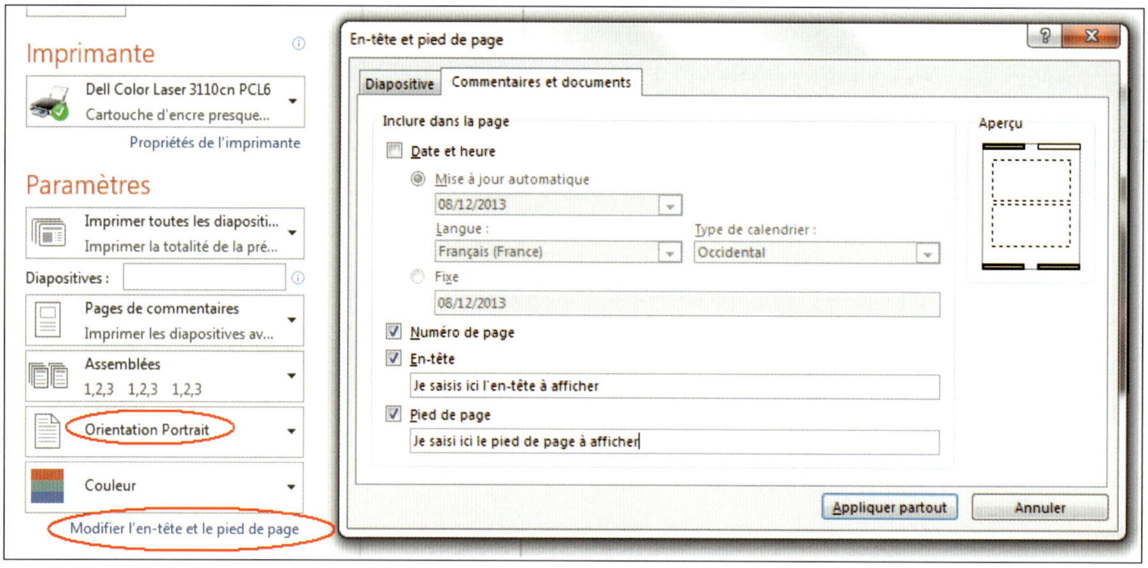

TP 36

Minuter la présentation

À la fin de la création de la présentation, vous devez la roder pour vérifier la cohérence de l'enchaînement des diapositives et pour vous assurer qu'elle ne dépasse pas une certaine durée. Pendant que vous allez ainsi visionner la présentation, vous pouvez vous servir de la fonctionnalité de minutage pour enregistrer le temps pendant lequel vous désirez afficher chaque diapositive. Ce minutage présente bien sûr de l'intérêt uniquement si vous faites ensuite défiler automatiquement les diapositives pendant que vous effectuez la présentation devant l'assistance, ou s'il s'agit d'une présentation à exécution automatique.

Prérequis : aucun
Fichier employé : TPcomplet.pptx ou votre propre présentation
Temps de réalisation : le temps de la présentation

1 Ouvrez le fichier TPcomplet.pptx puis affichez l'onglet *Diaporama*. Dans le groupe *Configuration* (*Configurer*), cliquez sur *Vérifier le minutage*. La barre d'outils *Répétition* s'affiche et le minutage de la présentation commence dans la zone *Durée de la diapositive*.

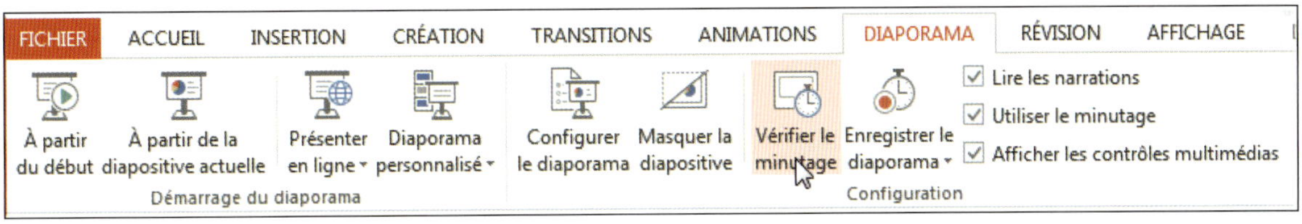

2 De gauche à droite, servez-vous des boutons de la barre d'outils pour : passer d'une diapositive à l'autre (*Suivant*), marquer une pause (*Pause*, cliquez ensuite sur le bouton *Reprendre l'enregistrement* dans la fenêtre *Enregistrement suspendu*), reprendre l'enregistrement de la durée de la diapositive active (*Répéter*).

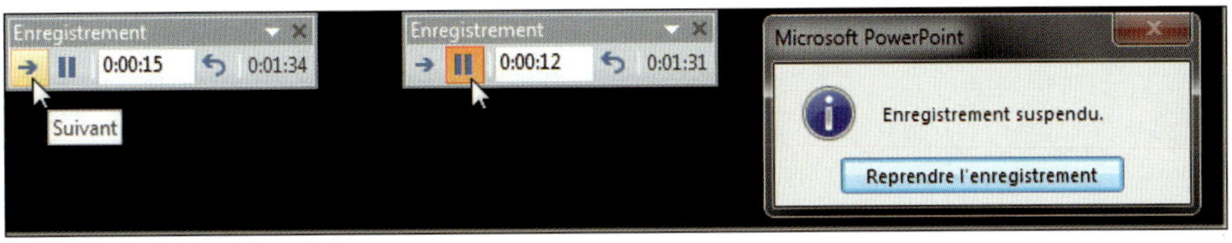

DÉROULER LA PRÉSENTATION

3 Une fois la durée de la dernière diapositive définie, un message affiche la durée totale de la présentation et vous invite à conserver les minutages des diapositives enregistrés (cliquez sur *Oui*) ou supprimer les minutages des diapositives enregistrés (cliquez sur *Non*). Affichez la présentation en mode *Trieuse de diapositives* afin de visualiser la durée de chaque diapositive.

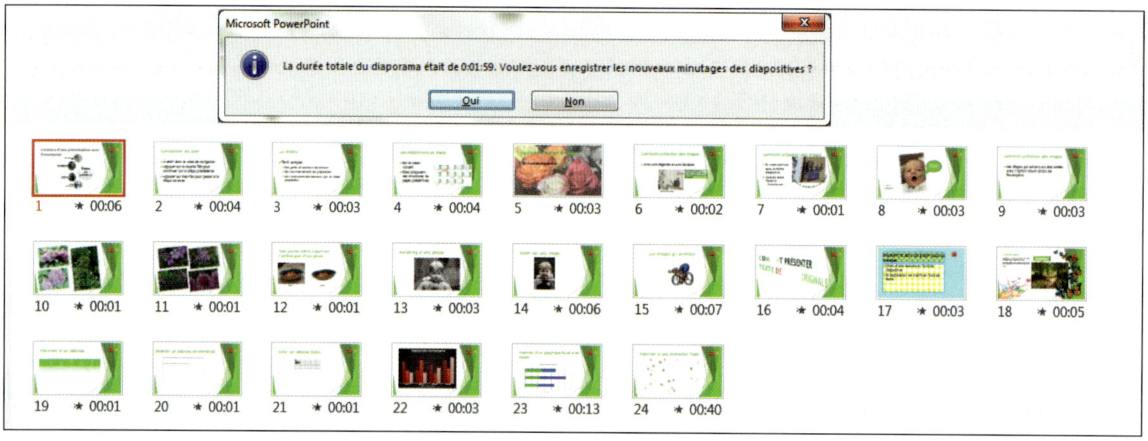

4 Selon les circonstances, vous pouvez ensuite activer ou désactiver le défilement automatique des diapositives basé sur votre minutage : sur l'onglet *Diaporama*, dans le groupe *Configurer*, désactivez la case à cocher *Utiliser la vérification du minutage*. Pour réactiver le minutage, cochez de nouveau la case *Utiliser la vérification du minutage*.

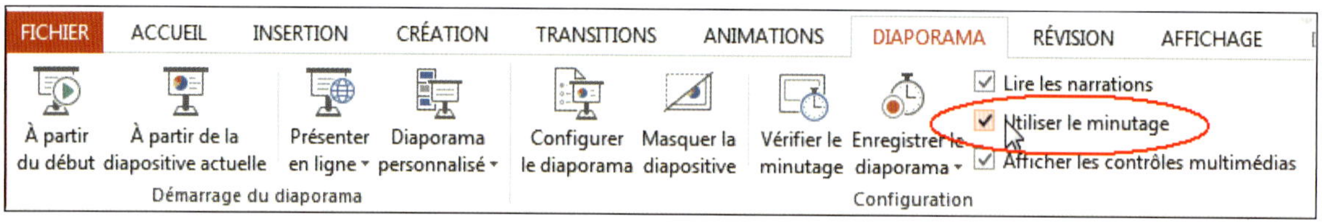

5 Pour corriger manuellement la durée d'affichage d'une diapositive (ou pour définir toutes les durées à la main), sélectionnez la diapositive concernée puis affichez l'onglet *Transitions* (*Animations* en 2007). Saisissez la valeur appropriée dans le champ *Passer à la diapositive suivante, Après*.

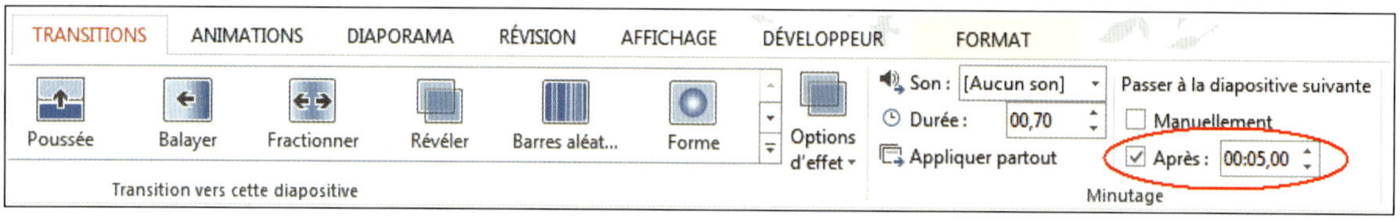

TP 37 Exécuter la présentation en boucle

En général, on cherche à exécuter un diaporama en boucle lorsqu'il est exécuté sur une borne pour présenter un salon ou une exposition, par exemple. Personne ne peut agir sur son exécution, il doit donc être soigneusement configuré. Vous avez cependant la possibilité de l'exécuter en boucle, comme s'il s'agissait de l'écran de veille, tout en laissant la possibilité au public de le dérouler manuellement après avoir cliqué sur la touche *Échap*.

Prérequis : aucun
Fichier employé : TPcomplet.pptx
Temps de réalisation : 5 minutes

1 Ouvrez le fichier TPcomplet.pptx puis affichez l'onglet *Diaporama*. Dans le groupe *Configuration*, cliquez sur le bouton *Configurer le diaporama*. Dans la fenêtre *Paramètres du diaporama*, cochez la case *Visionné sur une borne*. Vous constatez que le défilement des diapositives est automatiquement défini avec le minutage existant, la case *Manuel* ne peut être activée.

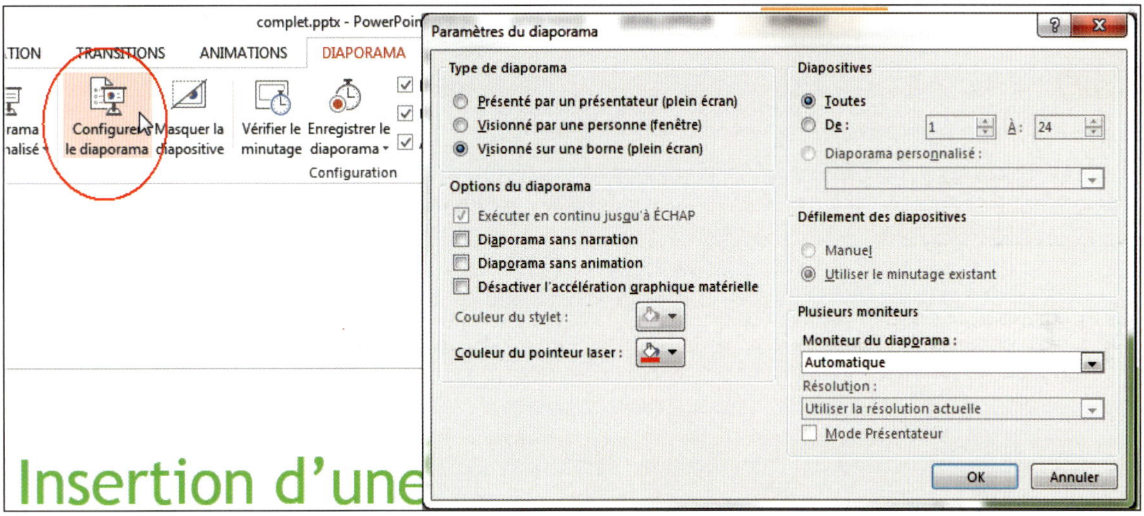

DÉROULER LA PRÉSENTATION

2 Pour diffuser le diaporama en continu tout en laissant la possibilité au public de reprendre la main, cochez la case *Présenté par un présentateur* dans la fenêtre *Paramètres du diaporama*. Cochez ensuite la case *Exécuter en continu jusqu'à Échap* puis cliquez sur *OK*. Lancez la diffusion via le bouton *À partir du début* situé sous l'onglet *Diaporama* dans le groupe *Démarrage*.

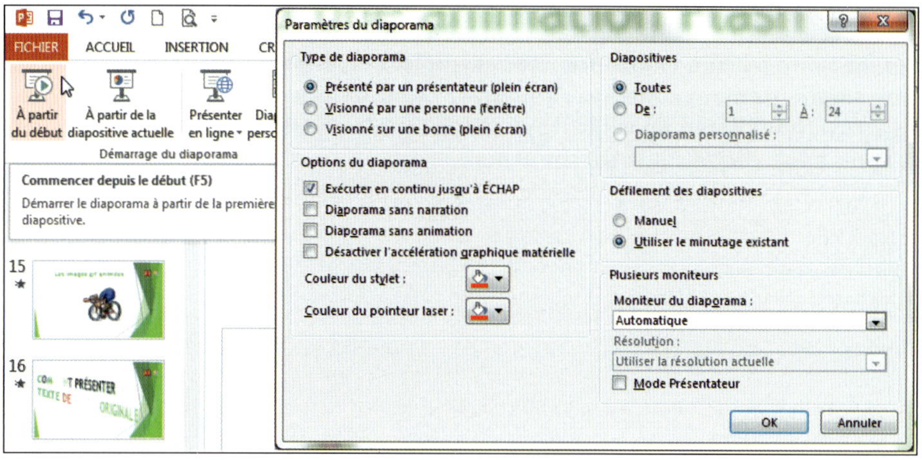

Enregistrer, graver ou publier

C'est fini, la présentation est prête à être diffusée et vous devez choisir le bon mode d'enregistrement. Si elle est uniquement destinée à être présentée par vous lors d'une réunion, il suffira de la transformer en diaporama sans faire le moindre réglage.

Si elle doit au contraire être publiée sur Internet ou envoyée par e-mail, il faudra effectuer quelques réglages supplémentaires. N'oubliez pas que tout le monde ne possède pas PowerPoint et que cette application est nécessaire pour ouvrir un fichier au format Présentation, c'est-à-dire avec l'extension .pptx. Pour que cette présentation puisse être affichée sur n'importe quel ordinateur, il faut l'enregistrer au format diaporama. Pour que cette présentation puisse lue par un lecteur DVD de salon, elle doit préalablement être convertie au format vidéo.

Les TP de cette partie exposent les différentes options d'enregistrement pour la diffusion de votre présentation.

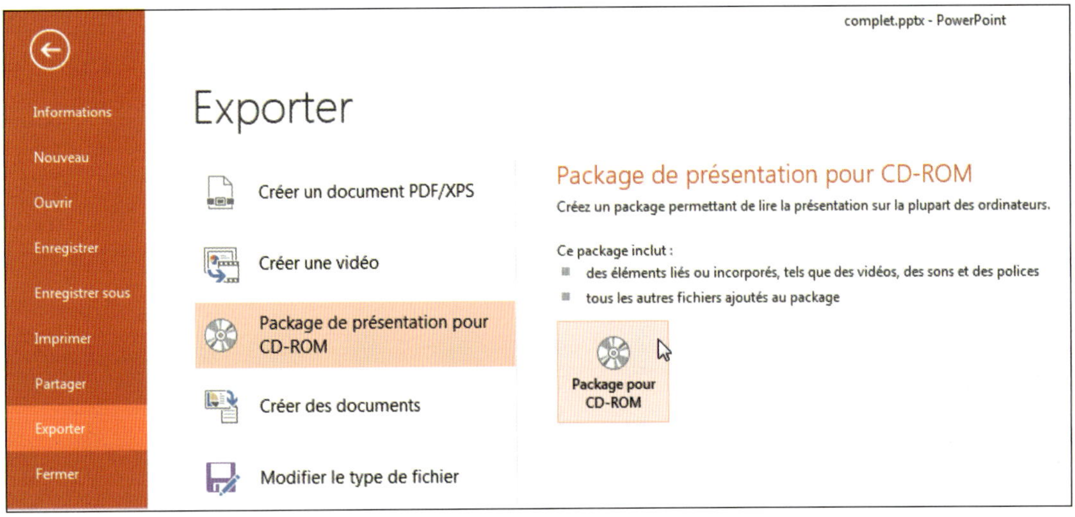

TP 38 Enregistrer et/ou graver la présentation en mode diaporama

Le format diaporama produit une présentation qui s'ouvre toujours en mode diaporama, et de façon complètement autonome sur n'importe quel ordinateur équipé d'une visionneuse PowerPoint. La présentation n'est pas modifiable. Si l'ordinateur n'est pas équipé pour lire un diaporama, rendez-vous sur le site de Microsoft http://www.microsoft.com/fr-fr/download/ et saisissez *visionneuse PowerPoint* dans le champ de recherche. Cette application est gratuite. Faites attention à la taille du fichier si la présentation comporte des images. Pensez à les compresser comme expliqué au TP 20.

Prérequis : aucun
Fichier employé : TPcomplet.pptx
Temps de réalisation : 5 minutes

1 Pour enregistrer votre présentation au format diaporama, ouvrez-la puis cliquez sur le menu *Fichier*, *Enregistrer sous*. Dans la liste déroulante *Type*, choisissez *Diaporama PowerPoint* (*.ppsx). C'est tout ! L'option *Diaporama PowerPoint* 97-2003 crée un diaporama qui peut être ouvert et modifié dans PowerPoint 97 ou 2003.

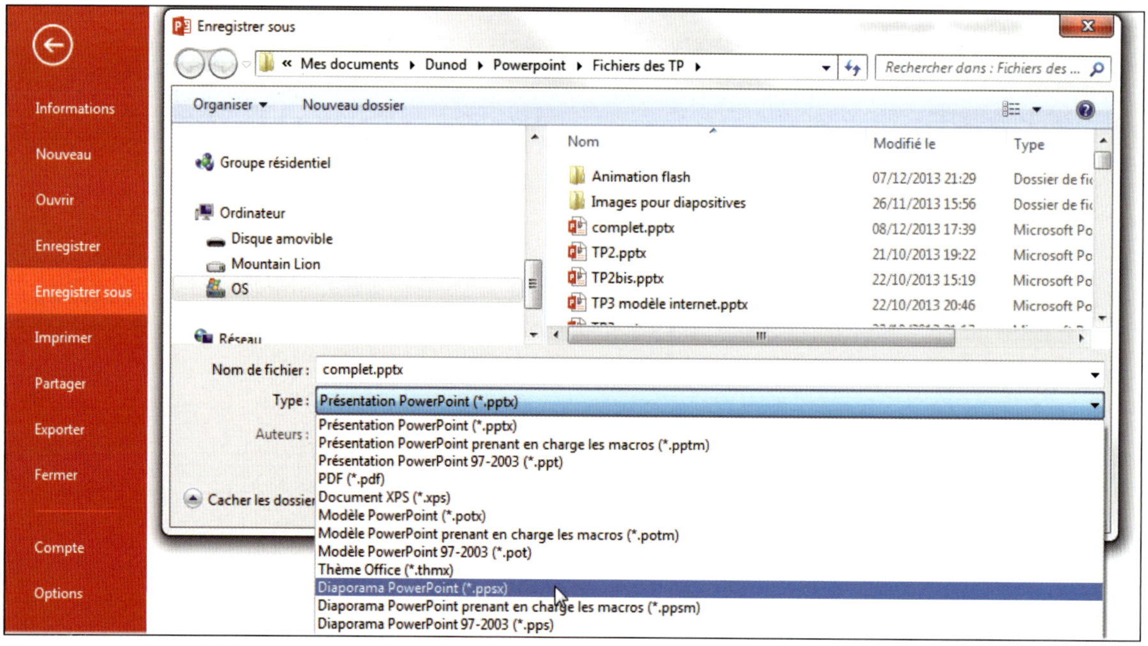

2 Pour graver cette présentation sur CD/ROM, cliquez sur l'onglet *Fichier*, sur *Exporter* (2013) ou *Enregistrer et envoyer* (2010) ou *Publier* (2007), puis sur *Package de présentation pour CD-ROM*. Cliquez enfin sur le bouton *Package pour CD-ROM* dans le volet droit.

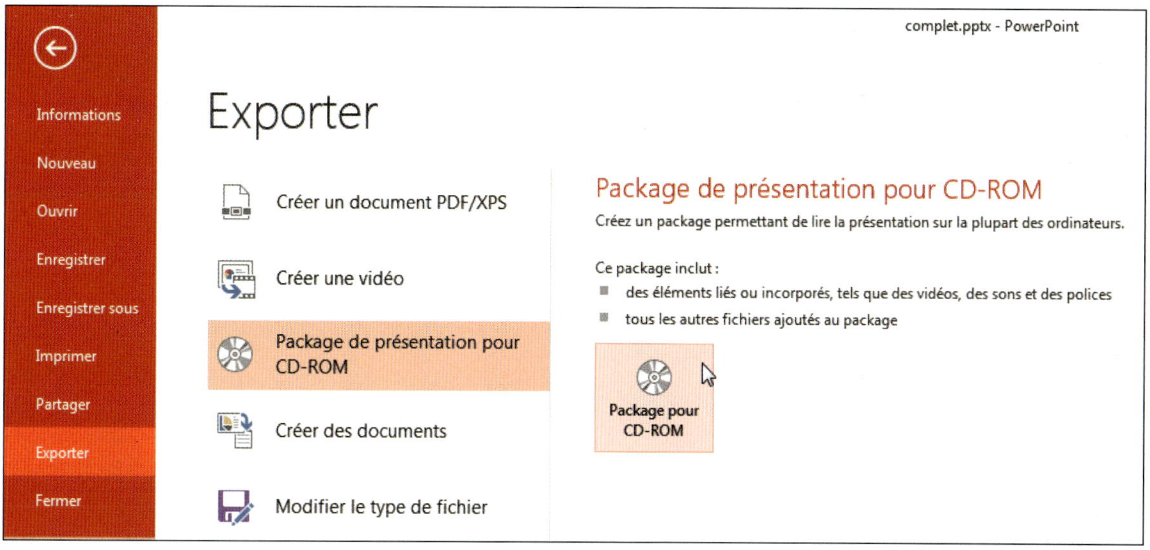

3 La présentation active est automatiquement ajoutée dans le champ *Fichiers à copier*. Les fichiers que vous avez pu associer à la présentation sont inclus de façon automatique, même s'ils n'apparaissent pas dans cette liste. Cliquez sur *Ajouter*, puis, dans la boîte de dialogue *Ajouter des fichiers*, sélectionnez éventuellement un autre fichier ou une autre présentation et cliquez sur *Ajouter*. Répétez l'opération pour chacune des présentations à ajouter. Terminez en cliquant sur *Copier sur le CD-ROM*.

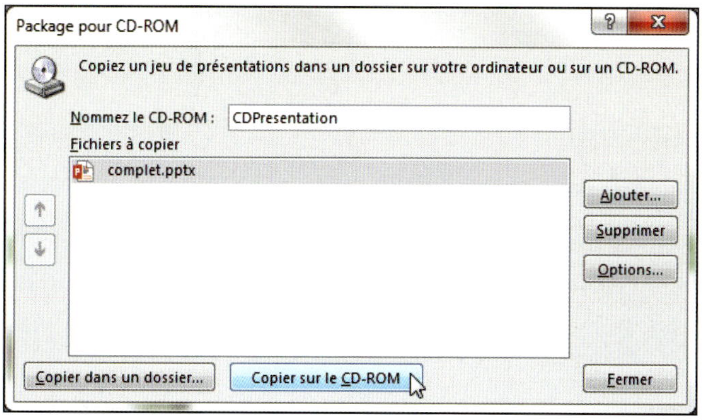

4 Si vous avez ajouté plusieurs présentations, celles-ci apparaissent sur une page Web qui vous permet d'accéder au contenu du CD. Les présentations apparaissent dans l'ordre dans lequel elles sont répertoriées dans la liste *Fichiers à copier* de la boîte de dialogue *Créer un package pour CD-ROM*. La page Web propose aussi un lien pour télécharger la visionneuse (en haut à droite).

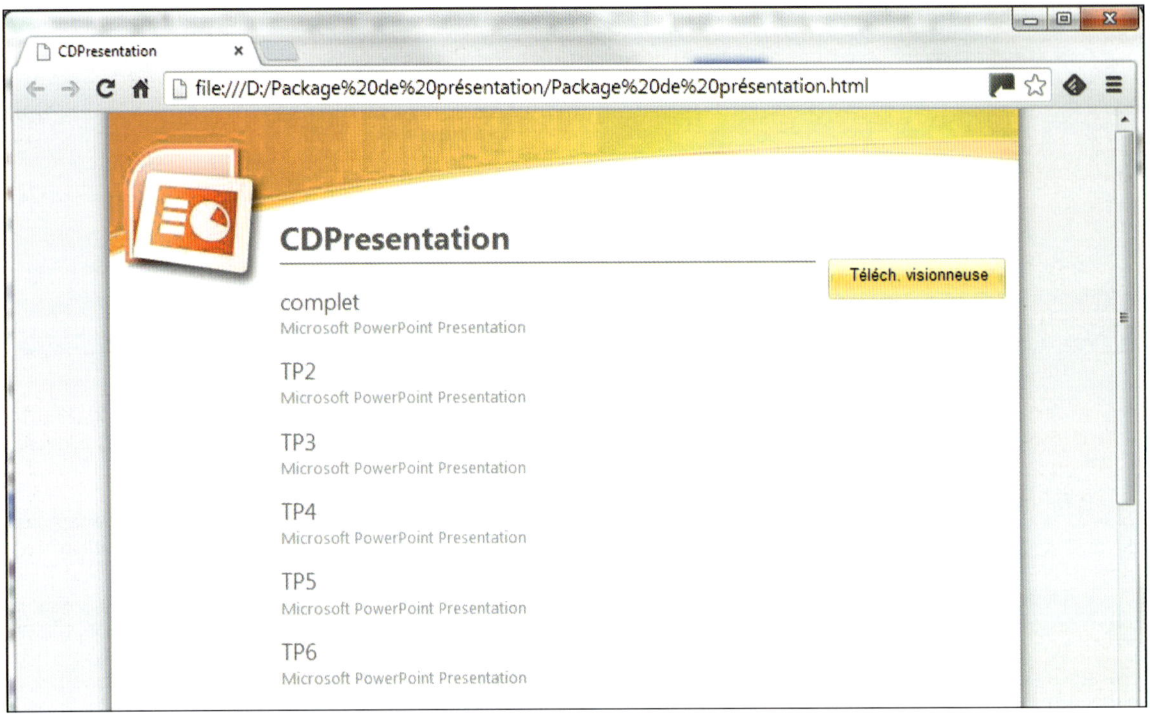

Enregistrer la présentation sur Internet

Si vous enregistrez votre présentation au format Web, vous obtenez un fichier lisible par n'importe quel navigateur Internet. PowerPoint propose deux formats : Page Web à fichier unique, avec lequel tous les éléments de la présentation sont réunis dans un seul fichier, et Page Web avec lequel la présentation est sauvegardée dans une page au format .htm accompagnée d'un dossier où sont réunis automatiquement tous les éléments multimédias la composant.

Prérequis : aucun
Fichier employé : votre présentation
Temps de réalisation : 10 minutes

1 Ouvrez la présentation à enregistrer puis cliquez sur l'onglet *Fichier, Enregistrer sous*. Dans la liste *Type de fichier*, choisissez *Page Web à fichier unique* (très pratique de tout réunir si vous avez besoin d'envoyer cette présentation par mail) ou *Page Web*. Terminez en cliquant sur *Enregistrer*. Si votre version de PowerPoint 2010 ou 2013 ne comporte aucune des deux options Page Web, la correction prônée par Microsoft étant assez compliquée, choisissez plutôt *Partager, Présenter en ligne* (en version 2013) ou *Enregistrer et envoyer, Enregistrer dans le site Web* en version 2010. Si vous n'en possédez pas, vous devrez ouvrir un compte Microsoft Windows Live comme expliqué pour utiliser cette option.

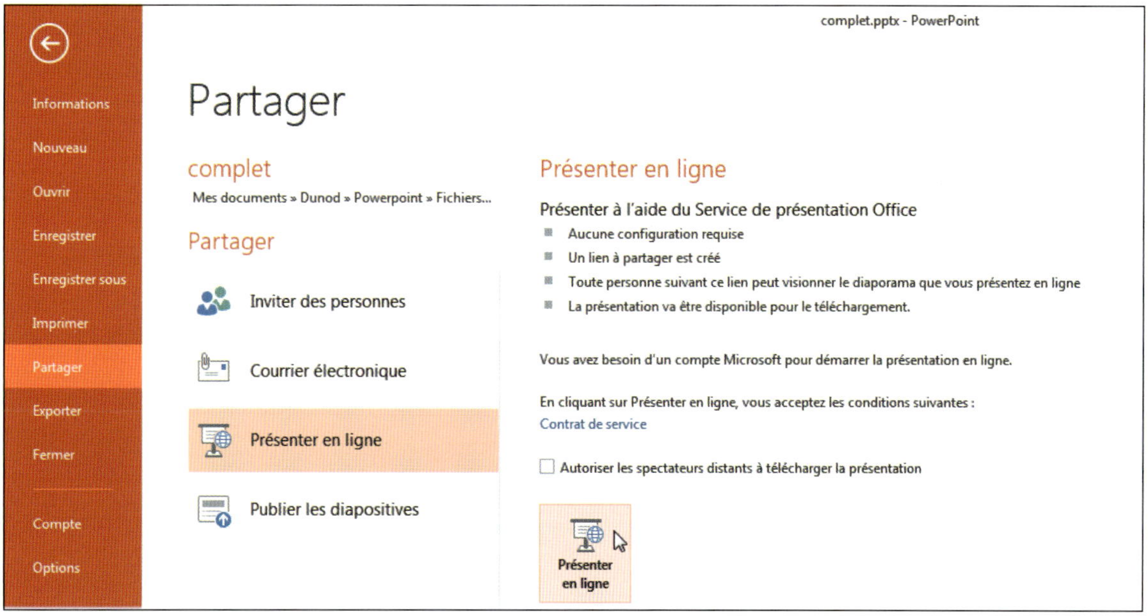

2 L'avantage de la publication en ligne est que vous partagez la présentation avec n'importe quel utilisateur équipé d'un ordinateur connecté à Internet. À la fin de l'exportation, copiez le lien fourni dans la fenêtre *Présenter en ligne* et transmettez-le à vos utilisateurs. Ces derniers vont le copier dans leur navigateur et ils vont voir apparaître la page *La présentation va commencer*. Ils vont ensuite suivre la présentation avec vous dès que vous allez cliquer sur le bouton *Commencer la présentation*.

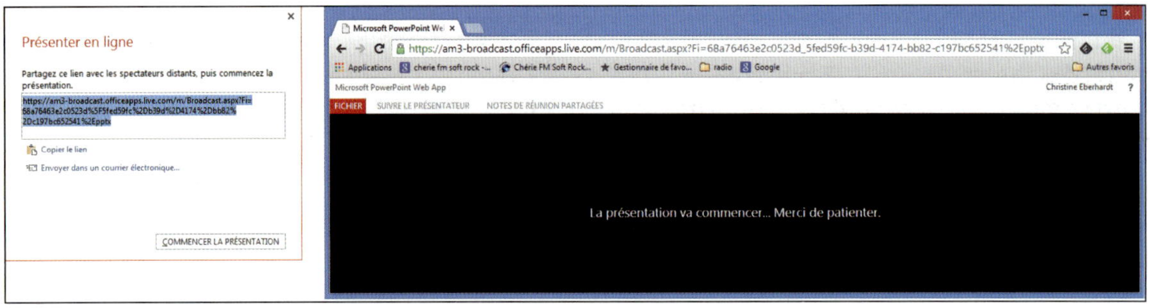

TP 40 Convertir une présentation au format vidéo (2010 et 2013)

Depuis la version 2010, il est désormais possible d'enregistrer la présentation au format vidéo (.wmv), ce qui permet de la visualiser sur un lecteur DVD de salon, ou de l'enregistrer en version haute-fidélité et de la distribuer sans craindre les problèmes d'exécution. Quand vous enregistrez dans ce format, il est possible d'enregistrer et de minuter la narration et les mouvements du pointeur laser, et de contrôler la taille du fichier multimédia et la qualité de la vidéo.

Prérequis : aucun
Fichier employé : TPcomplet.pptx ou votre présentation
Temps de réalisation : 5 minutes

1 Ouvrez la présentation à convertir et si ce n'est pas déjà fait, enregistrez le minutage et la narration comme expliqué au TP 25. Cliquez ensuite sur *Fichier, Exporter* (ou *Enregistrer et envoyer*), *Créer une vidéo*. Dans le volet droit, choisissez les options de qualité de la vidéo : cliquez sur *Qualité HD ordinateur* pour créer une vidéo de très haute qualité, mais qui aura une taille de fichier élevée, cliquez sur *Internet DVD* pour créer une vidéo qui aura une taille de fichier et une qualité moyennes, cliquez sur *Dispositifs portables* pour créer une vidéo qui aura la plus petite taille de fichier, tout en étant de qualité inférieure. Pour terminer, cliquez sur *Créer la vidéo*.

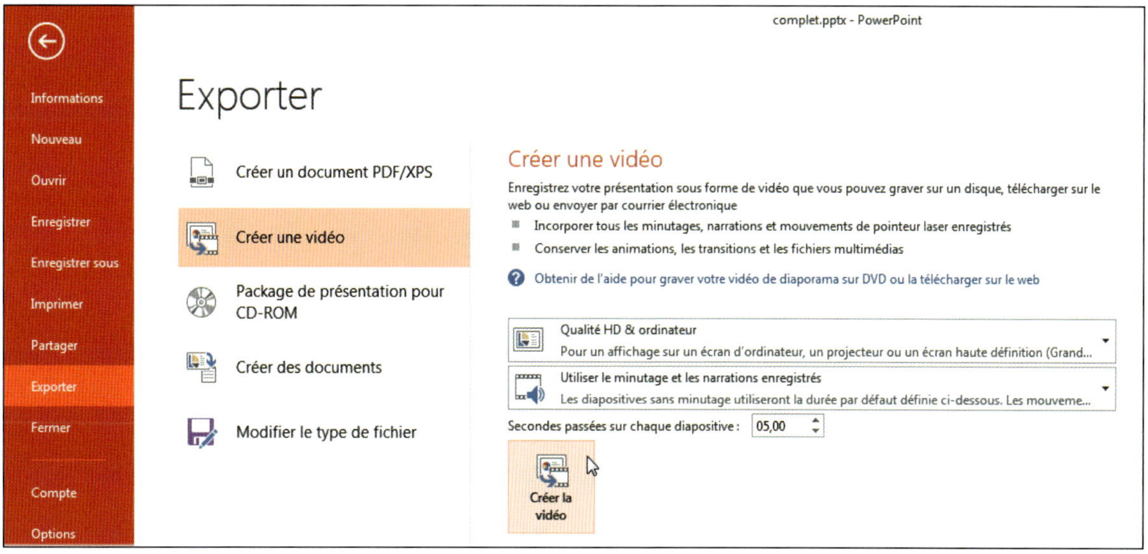

Index

[illegible]0690 - (I) - (2,5) - CM 115 - ARC - JME
[illegible]pôt légal : mars 2014
I[illegible]par I.M.E. - 25110 Baume-les-Dames